安徽省哲学社会科学规划青年项目“皖南圩区‘马灯’研究”最终成果
（项目批准号：AHSKQ2018D48）

皖南圩区“马灯”研究

崔龙健◎著

安徽师范大学出版社
ANHUI NORMAL UNIVERSITY PRESS
·芜湖·

图书在版编目(CIP)数据

皖南圩区"马灯"研究 / 崔龙健著. —芜湖:安徽师范大学出版社,2022.3
ISBN 978-7-5676-5619-2

Ⅰ.①皖… Ⅱ.①崔… Ⅲ.①风俗习惯—研究—安徽 Ⅳ.①K892.454

中国版本图书馆CIP数据核字(2022)第052115号

皖南圩区"马灯"研究 崔龙健◎著

WANNAN WEIQU MADENG YANJIU

责任编辑:孙新文
责任校对:翟自成
装帧设计:王晴晴 冯君君
责任印制:桑国磊
出版发行:安徽师范大学出版社
芜湖市北京东路1号安徽师范大学赭山校区 邮政编码:241000
网 址:http://www.ahnupress.com/
发 行 部:0553-3883578 5910327 5910310(传真)
印 刷:苏州市古得堡数码印刷有限公司
版 次:2022年3月第1版
印 次:2022年3月第1次印刷
规 格:700 mm × 1000 mm 1/16
印 张:10.75
字 数:162千字
书 号:ISBN 978-7-5676-5619-2
定 价:36.00元

目　录

绪　论

皖南圩区“马灯”是一种兼具傩与花灯性质的地方民俗。这种地方民俗一般由青少年男子妆扮三国、隋唐、两宋时期的英雄人物，以走阵穿花和列阵演武为主要表演形式，因其独特的艺术魅力而广泛流传于长江支流青弋江、漳河中下游的圩区[①]。皖南圩区“马灯”有一套完整的民俗仪式，可分为“兴灯”“出灯”“圆灯”三个部分，重点在于“出灯”中的场地表演部分。该部分有“虾子戏水”“八盏灯”“四马亲嘴”“穆桂英挂帅”“云长扫堂”等内容，表达了祈福禳灾的寓意，但其中也有很多民间禁忌。从皖南圩区“马灯”的妆扮、服装和道具来看，其与明清小说、戏曲有着紧密联系，并反映了皖南圩区民众对传统英雄人物的崇拜和信仰。皖南圩区“马灯”具有社会教化、秩序规范、艺术审美、情感维系等传统的和非传统的民俗社会功能，在社会变迁中呈现出娱乐化的倾向，并出现了一定程度的传承危机。本研究对皖南圩区“马灯”的系统考察，有助于传承和发展这一民俗文化，并为皖南圩区乡村经济、社会、文化等方面的发展提供有益借鉴。

一、研究价值

皖南圩区“马灯”是在特定的历史文化生态中形成的民俗形式，具

① 皖南圩区“马灯”以芜湖市所辖湾沚区西部、繁昌区东部和南陵县北部最为盛行，其“周边的铜陵、当涂、宣州（今宣城市宣州区）及长江北岸的无为、和县等地也有少量分布”。参见郭小刚：《皖南圩区“马灯”概说》，《中国音乐》2003年第1期，第103页。

有浓厚的地域特色，蕴含着丰富的地方民俗文化内涵，在新的历史条件下仍散发着独特的传统民俗文化魅力，为地方经济、社会、文化等方面的发展提供诸多裨益。鉴于此，皖南圩区“马灯”研究的价值在于独到的学术价值和应用价值两个方面。

（一）学术价值

学术价值之一：丰富了传统民俗文化研究的内容。在传承和弘扬中华优秀传统文化的大背景下，传统民俗文化研究方兴未艾。皖南圩区“马灯”作为独具特色的地方民俗，引起了不同学科背景学者的研究兴趣，一批有价值的研究成果先后问世。皖南圩区“马灯”长期得不到关注的现象得以改变，其蕴含的丰富内涵也逐渐被揭示出来。但就整体而言，皖南圩区“马灯”研究尚处于成长阶段，现有研究成果零散而不成体系，在传统民俗文化研究领域还未能形成学术影响力。有鉴于此，本研究试图从整体视野对皖南圩区“马灯”做系统考察，旨在将这一民俗形式完整地呈现出来，为深入皖南圩区“马灯”研究和丰富传统民俗文化研究添砖加瓦。

学术价值之二：拓展了皖南历史文化研究的视野。从区域历史地理角度看，皖南地区历史文化资源丰富，孕育出了徽州文化这颗耀眼明珠。20世纪八九十年代，随着地域文化研究兴起，徽学逐渐成长为三大地方显学之一，发展势头至今不衰。相比之下，皖南圩区文化研究星光黯淡，前景堪忧。因此，这里对皖南圩区民俗文化的个案探究，在展示皖南圩区历史文化的同时，希望能够借此吸引学界更多的目光，共同推动皖南圩区历史文化研究的兴起，进一步丰富皖南历史文化研究的内容。

（二）应用价值

应用价值之一：为更好地传承和发展皖南圩区“马灯”民俗文化提供一定的学术支撑。在历史与社会变迁中，皖南圩区“马灯”曾几度出现传承和发展危机。近年来在传承和弘扬中华优秀传统文化和地方经济社会发展需要的影响下，皖南圩区各地方先后组织申报各级非物质文化遗产，出台相关鼓励政策，在很大程度上扭转了“马灯”传承发展的颓势。但就如何更好地传承发展这一民俗文化，尚未见有政府的或民间的实质性意向和整体性规划。究其原因，在于皖南圩区“马灯”相关研究较为薄弱，无法在人文社会科学领域形成较大影响力，更无法为进一步传承发展这一民俗文化提供足够的学术支撑。但这却为本研究应用价值的挖掘提供了发展空间。

应用价值之二：为推动乡村振兴战略和加快建设现代化五大发展美好安徽在皖南圩区的实践提供有益参考。近年来，皖南圩区各地方对于实施乡村振兴战略和推进美好乡村建设有许多实践和探索，其中就挖掘和利用了“马灯”这一民俗文化资源。其不仅在乡村文化和旅游方面进行“马灯”这一民俗文化资源的开发，还在美好乡村建设中融入“马灯”这一民俗文化元素，给地方经济社会的发展增添了地域文化魅力。但是，这些挖掘和利用，从现有内容来看，尚处于初级阶段，对地方经济社会发展的推动作用还十分有限。其原因在于皖南圩区各地方缺乏学术研究支撑和智力支持。在很大程度上，本研究成果试图弥补这一缺憾。

二、研究趋势

皖南圩区“马灯”相关学术研究，始于20—21世纪之交。在1998年亚洲民间戏剧民俗艺术观摩与学术研讨会上，鲁安娜提交《皖芜湖白马山“马灯”田野考察》[①]一文，标志着皖南圩区民俗“马灯”正式进入学术界视野。进入21世纪以来，学界从不同角度对皖南圩区“马灯”进行阐释，诞生了不少有价值的研究成果。其中具有代表性的有郭小刚的《皖南圩区“马灯”概说》[②]，许丹的《试论皖南民俗走马灯的社会意

① 鲁安娜：《皖芜湖白马山“马灯”田野考察》，载麻国钧等主编：《祭礼·傩俗与民间戏剧——’98亚洲民间戏剧民俗艺术观摩与学术研讨会论文集》，中国戏剧出版社1999年版，第433—439页。

② 郭小刚：《皖南圩区“马灯”概说》，《中国音乐》2003年第1期，第103—105页。

义》[①]，余涛、杨文茹、涂传飞、余静的《村落语境中传统体育的文化功能——以芜湖县崔墩穿马灯活动为例》[②]，孔国庆的《民间竹马灯艺术在创意经济时代的保护与开发》[③]及孔国庆、董琪珺合作的《安徽民间艺术竹马灯艺术特征分析》[④]和《民间艺术竹马灯创意产品的开发研究》[⑤]，等等。从整体上看，这些研究成果的取得，显示出皖南圩区“马灯”研究的跨学科特点。

从民俗学的角度，鲁安娜以芜湖白马山“马灯”为田野调查对象，就“兴灯”“发檄”“圆灯”的一整套民俗仪式及环节，做了较为详细的个案考察，生动再现了芜湖白马山“马灯”的兴灯及表演过程，引起学界的持续关注和研究旨趣。[⑥]

从音乐学的角度，郭小刚在初步考察皖南圩区“马灯”的流传范围、历史源流、组织结构及表演程序的基础上，着重论述了皖南圩区“马灯”的音乐特征，一是只有器乐而无声乐，二是前后场“锣鼓”各司其职。另外，他还绘制了“马灯”乐谱，保存了宝贵的田野资料。[⑦]

从社会心理学的角度，许丹简要论述了皖南圩区“马灯”的社会意义，认为“马灯”这一民俗活动不仅为农民的精神生活提供了丰富的滋

① 许丹：《试论皖南民俗走马灯的社会意义》，《民族论坛》2006年第10期，第32页。

② 余涛、杨文茹、涂传飞、余静：《村落语境中传统体育的文化功能——以芜湖县崔墩穿马灯活动为例》，《中国体育科技》2011年第5期，第101—107页。

③ 孔国庆：《民间竹马灯艺术在创意经济时代的保护与开发》，《海南大学学报》（人文社会科学版）2014年第4期，第111—116页。

④ 孔国庆、董琪珺：《安徽民间艺术竹马灯艺术特征分析》，《铜陵学院学报》2018年第4期，第91—93页。

⑤ 孔国庆、董琪珺：《民间艺术竹马灯创意产品的开发研究》，《池州学院学报》2018年第5期，第119—121页。

⑥ 鲁安娜：《皖芜湖白马山“马灯”田野考察》，载麻国钧等主编：《祭礼·傩俗与民间戏剧——’98亚洲民间戏剧民俗艺术观摩与学术研讨会论文集》，中国戏剧出版社1999年版，第433—439页。

⑦ 郭小刚：《皖南圩区“马灯”概说》，《中国音乐》2003年第1期，第103—105页。

养，还体现了农民对节日的狂欢化需求和对英雄人物的恒久崇拜。[①]

从体育社会学的角度，余涛等围绕芜湖县崔墩“为何要穿马灯”这一主线，就村落传统体育传承、发展及文化功能等问题展开探讨，认为“穿马灯”的文化功能在于其发挥了信仰、凝聚、调控、维系和教育等方面的功能，并且村落为“穿马灯”提供了文化空间、经济和组织基础，基本满足了村民的文化需求。[②]

从文化创意产业学的角度，孔国庆等从道具、造型、图案、色彩四个方面着手，初步探讨了皖南圩区“马灯”在发展和演变过程中所展现的视觉形象和故事，为“马灯”创意产品的开发提供了前期基础。[③]孔国庆等又引入“文化符号”的概念，从“马灯”起源中发掘嬉戏的文化符号，从唐诗与竹马的结合中发掘友爱的文化符号，从节庆活动演变中发掘祈福的文化符号，认为“马灯”文化符号的发掘为其文化创意产品的开发提供了行之有效的设计思路。[④]但在创意经济时代，皖南圩区“马灯”也面临着生存土壤缺失、难以产生经济效益、缺乏与当代文化的对接能力等问题，从而使“马灯”走向市场化的实践路径，主要在于地方经济文化政策的扶持、民间艺术生态族群的建立，以及与文化创意产业的结合。[⑤]

总之，多学科研究视角的切入，已经成为拓展皖南圩区“马灯”研究的主要手段之一。就学科属性来看，皖南圩区“马灯”研究属于民俗学领域，但仅仅依靠民俗学的理论和方法，只能就皖南圩区“马灯”的

---

① 许丹：《试论皖南民俗走马灯的社会意义》，《民族论坛》2006年第10期，第32页。

② 余涛、杨文茹、涂传飞、余静：《村落语境中传统体育的文化功能——以芜湖县崔墩穿马灯活动为例》，《中国体育科技》2011年第5期，第101—107页。

③ 孔国庆、董琪珺：《安徽民间艺术竹马灯艺术特征分析》，《铜陵学院学报》2018年第4期，第91—93页。

④ 孔国庆、董琪珺：《民间艺术竹马灯创意产品的开发研究》，《池州学院学报》2018年第5期，第119—121页。

⑤ 孔国庆：《民间竹马灯艺术在创意经济时代的保护与开发》，《海南大学学报》（人文社会科学版）2014年第4期，第111—116页。

民俗形式和活动过程展开考察，无法深刻揭示这一民俗所蕴含的丰富内涵，也无法为其更好地传承发展提供参考路径。因此，运用多学科研究理论和方法，是深入皖南圩区“马灯”研究的必然要求，也是现阶段学术研究呈现出来的主要特点和趋势。

三、研究展望

从现有研究成果来看，皖南圩区“马灯”研究还有很大的提升空间。在多学科研究理论和方法的主导下，现有研究成果结合个案的考察，已经初步勾勒了皖南圩区“马灯”的兴灯过程、配乐及社会功能，并在文化创意产品开发方面提出了许多建设性意见。但就皖南圩区“马灯”所蕴含的丰富内涵来说，还有许多问题尚未得到学界的关注和揭示。

就其本身而言，一些细节问题尚未得到考察和阐释。如“飞天甲马”在皖南圩区民俗中的运用，具有演员被赋予“神角”的象征作用。“飞天”是佛教中飞舞空中的神，在莫高窟壁画中所见最多；而“甲马”是民间用于祈福禳灾的一种版画，主要刻画“财神”等道教神灵，多见于云贵一带。二者的结合，是皖南圩区民俗的一个创造。

就与外部的联系而言，其所杂糅的传统文化因素尚未得到完全揭示。皖南圩区“马灯”中的“神角”人物的选择，主要是《三国演义》《薛家将》《杨家将》等明清小说中的传奇英雄人物，如刘备、周瑜、薛丁山、樊梨花、杨六郎、穆桂英等，并以关羽为主神。这些人物的妆扮和服装、道具，主要以京剧脸谱和戏服为原型，加以竹马而成，其与戏曲的渊源颇深。

就传承和发展而言，扮演重要角色的“马灯师傅”尚未得到学界的重视。目前我们并不清楚“马灯师傅”这一群体的具体情况，但可知的是，在社会发展和变迁中，“马灯师傅”和“马灯”都出现了一定的传承危机。

综上所述，皖南圩区“马灯”研究的进一步发展，还须建立在对其本身深入研究的基础之上。皖南圩区“马灯”作为一种地方民俗，在融入地方人文因素之后，除在表现形式上出现差异之外，仍具有近代民俗杂糅与共生的一般特征，所蕴含的内容极为丰富。因此，在深化皖南圩区“马灯”研究的征途中，首要任务是要对其本身内容进行抽丝剥茧般的考察，并予以系统呈现，这是本研究的主旨所在。

不过，本研究也面临不少难题。一方面，皖南圩区“马灯”鲜见文献资料记载，近些年其虽屡见于地方报端，但均停留在事件报道层面，所以对皖南圩区“马灯”的考察缺乏文献资料的支撑，只能主要依靠田野调查获取信息和资料。另一方面，皖南圩区“马灯”仅在春节期间开展活动，时间相对短暂，加之近年来“马灯”活动的日趋减少，为田野调查带来许多困难。

第一章　民俗形态的生成与发展

皖南圩区“马灯”的历史源流、发展脉络及其性质至今成谜，学界虽有一番探讨，但众说纷纭，没有达成共识。长期以来，皖南圩区“马灯”仅在皖南圩区一隅流传，社会影响力较弱，未能引起社会各界的广泛关注，加之其他无法想见的历史因素，使其鲜见于文字资料的记载，给学术研究带来很大困难。目前学界所依据的田野资料，由于采访地点和采访对象的不同，加之研究者学科背景和研究视角的差异，对皖南圩区“马灯”历史源流及其性质的考究，得出的结论迥然不同。对此，本研究综合田野资料和文献资料再进行一番探讨，并就相关问题做一辨析。

第一节　民俗性质的多重审视

对皖南圩区“马灯”民俗性质的界定，目前主要有两种观点：第一种观点是将皖南圩区“马灯”归类为民间舞蹈。首先，在全国性民俗和民间舞蹈著作中，普遍将“马灯”定义为民间舞蹈，如叶大兵、乌丙安主编的《中国风俗辞典》中“竹马灯”条就是这样定义的：“竹马灯亦称‘跑马灯’‘跑竹马’‘走马’。汉族民间舞蹈。”[①]再如在《中国民族民间舞蹈集成》丛书中，“马灯”显然在列。[②]其次，地方志同样将皖南圩区“马灯”列入民间舞蹈或民间文艺类，如《宣城县志》记载：“跑马灯，

① 叶大兵、乌丙安主编：《中国风俗辞典》，上海辞书出版社1990年版，第627页。

② 详见中国民族民间舞蹈集成编辑部编：《中国民族民间舞蹈集成（安徽卷）》上卷，中国ISBN中心1995年版，第17—21页。

又称‘玩故事灯’。为春节期间境内普遍流行的广场舞蹈。”[①]《芜湖县志》则将“马灯”列入民间文艺“灯会”条目之下[②]，而“灯会是一种以族或村为单位的有组织的民间歌舞活动”[③]。再次，学术研究大多将皖南圩区“马灯”定性为民间舞蹈，如《安徽文化史》在艺术舞蹈条目下对“马灯”相关内容做了论述：“《藤牌对马》《盾牌舞》及《竹马》，均为直接表现古代征战的舞蹈。”[④]再如郭小刚在《皖南圩区“马灯”概说》一文内容提要中直接说明：“皖南圩区‘马灯’是我国民间歌舞中的一种。”[⑤]第二种观点认为皖南圩区“马灯”是一种傩。鲁安娜在《皖芜湖白马山“马灯”田野考察》一文开篇就提出：“‘马灯’是长江中下游一带民间在元宵灯节期间搞的一种驱除疫鬼的傩祭活动。”[⑥]余涛等在《村落语境中传统体育的文化功能——以芜湖县崔墩穿马灯活动为例》一文中持同样的看法，认为“崔墩穿马灯就是一种傩”[⑦]。这两种观点虽然定性完全不同，但都具有一定的合理性。那么，该如何理解和界定皖南圩区“马灯”的民俗性质呢？

一、舞蹈属性

按照约定俗成的认识，皖南圩区“马灯”是一种民间舞蹈。这样的

① 安徽省宣州市地方志编纂委员会编：《宣城县志》，方志出版社1996年版，第633页。

② 芜湖县地方志编纂委员会编：《芜湖县志》，社会科学文献出版社1993年版，第690页。

③ 安徽省文学艺术研究所编：《江淮戏曲谱》，安徽文艺出版社1985年版，第132页。

④ 《安徽文化史》编纂工作委员会编：《安徽文化史》中册，南京大学出版社2000年版，第1439页。

⑤ 郭小刚：《皖南圩区“马灯”概说》，《中国音乐》2003年第1期，第103页。

⑥ 鲁安娜：《皖芜湖白马山“马灯”田野考察》，载麻国钧等主编：《祭礼·傩俗与民间戏剧——’98亚洲民间戏剧民俗艺术观摩与学术研讨会论文集》，中国戏曲出版社1999年版，第433页。

⑦ 余涛、杨文茹、涂传飞、余静：《村落语境中传统体育的文化功能——以芜湖县崔墩穿马灯活动为例》，《中国体育科技》2011年第5期，第102页。

认识和结论能否成立呢？我们需要结合民间舞蹈的概念和特征，对皖南圩区“马灯”做一下分析，看看皖南圩区“马灯”是否具有民间舞蹈的基本属性。

从民间舞蹈的含义来看，皖南圩区“马灯”与民间舞蹈具有隶属关系。根据《辞海》对民间舞蹈的定义：“在人民群众中广泛流传，具有鲜明的民族风格和地方特色的传统舞蹈形式。在世代相传的过程中，经过人民群众不断的加工创造。是民间习俗的重要组成部分。”[①]这一表述几乎可以运用于对皖南圩区“马灯”的定义。皖南圩区“马灯”作为一种春节民俗活动，由皖南圩区民众一代一代传承，具有鲜明的民族风格和地方特色。因此，就概念和内涵而言，皖南圩区“马灯”和民间舞蹈高度吻合，但问题在于，皖南圩区“马灯”是否可以定性为“传统舞蹈形式”，还要做进一步分析。

从民间舞蹈的形态来看，皖南圩区“马灯”是一种在习俗活动中表演的民间乐舞。“民间舞蹈是音乐与表演相结合的艺术，它有民间歌舞和民间乐舞两种形式。”[②]纵观皖南圩区“马灯”，“不唱不语”[③]，并无歌曲表演成分，只是民间音乐和民间舞蹈的结合，“伴以锣鼓钹笛之声”[④]，由青少年扮演的“神角”，在“马灯师傅”的带领下，“扬鞭策马，跑出各种阵势（队形）”[⑤]。这是皖南圩区“马灯”场地表演的主要形式，具有民间乐舞的基本属性。

---

① 辞海编辑委员会编：《辞海（1989年版）》缩印本，上海辞书出版社1990年版，第2033页。

② 周青青：《中国民间音乐概论》，人民音乐出版社2003年版，第57页。

③ 佑人：《传统佳节话彩灯》，载政协南陵县文史办公室编：《南陵县文史资料》第六辑，1987年编印，第85页。

④ 佑人：《传统佳节话彩灯》，载政协南陵县文史办公室编：《南陵县文史资料》第六辑，1987年编印，第85页。

⑤ 《安徽文化史》编纂工作委员会编：《安徽文化史》中册，南京大学出版社2000年版，第1439页。

图1-1 锣鼓声中的“马灯”表演

民间舞蹈与习俗活动的结合，是皖南圩区“马灯”的另一个舞蹈属性。在传统习俗活动中，民间舞蹈是重要组成部分。“有的舞蹈是在特定的习俗中表演，舞蹈为习俗而设，同时舞蹈又必须在习俗活动中才得以表演，习俗又成了舞蹈的依托。”[①]二者相互依存的关系，在皖南圩区“马灯”兴灯过程中展现得淋漓尽致。舞蹈表演是皖南圩区“马灯”特定的主体内容，丰富和支撑着这一民俗活动，而这些特定的舞蹈形式，也只有在“马灯”活动中才得以表演。

民间舞蹈融合戏曲元素，是皖南圩区“马灯”的又一个舞蹈属性。历史上，民间舞蹈受戏曲影响颇深，“尤其是清代地方戏盛行之际，汉族民间舞蹈吸取戏曲的情节曲折、戏文动听、服饰美观、道具精致等优点，加强了表演性与艺术效果”[②]。对此，皖南圩区“马灯”不仅融入戏曲脸谱、服装和道具，“仿照戏曲装饰扮成历史故事人物”[③]，还在舞蹈中融入戏曲情节，如“五马破曹”“穆桂英挂帅”等。

① 田可文编著：《安徽音乐文化的历史阐释》，安徽文艺出版社2018年版，第51页。

② 桂兰岚编著：《中国民族民间舞的文化溯源与动作解析》，九州出版社2017年版，第90页。

③ 安徽省宣州市地方志编纂委员会编：《宣城县志》，方志出版社1996年版，第633页。

从民间舞蹈的功能来看，皖南圩区“马灯”与民间舞蹈表里一致。民间舞蹈有诸多社会功能，包括民众“通过民族民间舞蹈宣泄感情、丑化邪恶、赞颂真善美以达自娱；在信仰风俗中，以舞蹈祭神，驱鬼，期盼五谷丰登、人丁兴旺；还通过舞蹈向后代传授生产、生活知识”[①]。皖南圩区“马灯”也同样具有祈福禳灾、联络情感和风谕教化等社会功能。

总之，从多个角度论述的结果来看，皖南圩区“马灯”具有民间舞蹈的基本属性，而且“它有较为完整的艺术构架”[②]，推论其为我国民间舞蹈的一种是成立的。

二、傩的属性

皖南圩区“马灯”是傩的观点能否成立，同样需要分析其是否具有傩的基本特征。笔者在田野调查过程中，通过对皖南圩区“马灯”系统而全面地考察，认识到皖南圩区“马灯”有诸多傩的因素和属性，但与傩俗又有很大的不同，因此对于皖南圩区“马灯”属于傩的论断存有疑惑。如皖南圩区“马灯”使用京剧脸谱，而傩使用专门的面具，“较之于京剧脸谱，有几分相似，但又有质的不同。因为，京剧脸谱是浓墨油彩画在脸上，而傩却是木质雕刻，戴在脸上”[③]，等等。

皖南圩区“马灯”与傩的本义都是驱邪逐疫。傩是“古时腊月驱逐疫鬼的风俗”[④]，“虽原始于黄帝，而大抵周之旧制”[⑤]，由方相氏“掌蒙熊皮，黄金四目，玄衣朱裳，执戈扬盾，帅百隶而时难，以索室驱疫”[⑥]。可见傩的初意就是驱邪逐疫，这与皖南圩区“马灯”的本义是一

① 刘黎芹：《中国民族民间舞训练与创编艺术》，吉林大学出版社2017年版，第3页。

② 郭小刚：《皖南圩区“马灯”概说》，《中国音乐》2003年第1期，第105页。

③ 郑荣根：《南昌之光》，江西高校出版社2009年版，第152页。

④ 张岱年主编：《孔子百科辞典》，上海辞书出版社2010年版，第317页。

⑤（宋）高承：《事物纪原》，（明）李果订，金圆、许沛藻点校，中华书局1989年版，第439页。

⑥《周礼·仪礼·礼记》，（汉）郑玄注，陈戍国点校，岳麓书社2006年版，第70页。

致的。尽管现时皖南圩区“马灯”的用意是祈福禳灾，但根据民间传说，皖南圩区“马灯”最初就是用来“驱逐瘟神”[①]的。清代乾隆《铜陵县志》也有“戏竹马逐疫”[②]的记载。

以竹马驱傩，是皖南傩俗的一大特色。贵池（现为池州市贵池区）一带流行踩竹马驱傩，在明代嘉靖《池州府志》中已见记载[③]，在妆扮、仪式和内容上与皖南圩区“马灯”如出一辙，可视作皖南圩区“马灯”之雏形。其详情描述如下：

> 竹马有地马和高跷马两种，多扮成勇武之士，做征战状，如花关索、鲍三娘、鲍礼、鲍义，或者关羽和貂蝉。山湖村唐、王二姓的傩事活动以踩马为主，并把踩高跷马扮花关索、鲍三娘与祈子民俗相结合，凡生儿育女者，向竹马献红蛋，谓之“献马杯”；希望求子的人则向花关索、鲍三娘乞求红蛋，谓之“接马杯”。山湖村的“踩地马”由四名12岁至14岁的男孩担任（所以每两年便要更换演员），用于请神和“出圣”（指在请神仪式后抬面具游村）。请神在神堂举行，将面具之神一一传递陈列于龙床时，四少年童子皆身着战袍，扎竹马，排一字形横队面向神案站立。然后由执事长者替他们戴上面具，开始踩马，称踩“启圣马”。启圣马后，便是“出圣”，以旗锣鼓伞为先导，后面是吹奏乐、彩旗、面具箱、狮子箱和童子四人的地马队。童子穿武将服，腰间扎竹马。竹马用竹篾编成椭圆形的无底筐为马身，再扎马头捆扎于筐的一侧，根据马的颜色糊以色纸（今改用绒布），如花关索骑红马、鲍三娘骑白马，还有黄马、黑马。踩地马有“发令”（舞令旗）、“遛马”、“交战”等动作，尽展

① 余涛、杨文茹、涂传飞、余静：《村落语境中传统体育的文化功能——以芜湖县崔墩穿马灯活动为例》，《中国体育科技》2011年第5期，第102页。

② （清）李清岩纂修：乾隆《铜陵县志》卷六《风俗》，黄山书社2007年版，第180页。

③ （明）王崇纂修：嘉靖《池州府志》卷二《风土篇·时序》，黄山书社2017年版，第46页。

古代战将风采。[①]

从请神—游神—送神的傩仪，到腰系竹马、锣鼓伴奏表演的傩舞，再到妆扮古代传奇英雄人物，加以故事情节的傩戏，这些都是皖南圩区“马灯”与贵池竹马驱傩共同的特征。至于粉墨涂面与戴面具的差异，这是由于宋代以降受戏曲艺术的影响，“傩仪中原本采用戴假头和假面的做法，已经在很大程度上被涂面所替代”[②]，二者其实并无本质的区别。

在傩仪称呼上，皖南圩区“马灯”与傩亦无二致。傩仪整体上分为三段程序：第一段程序为请神，俗称“起傩”或“开洞”“开箱”“开橱”；第二段程序为游神，即上文中的“出圣”，又叫“演傩”“搜傩”“扫堂”；第三段程序为送神，称为“圆傩”，“意即送傩神归位”[③]。皖南圩区“马灯”在仪式上也有同样的三段程序，称呼大同小异，请神称为“开光”，游神称为“出灯”，送神称为“圆灯”，另在游神环节有一个固定的表演作为结束，叫作“云长扫堂”。

其他，如在组织和传承方面，皖南圩区“马灯”与傩俗也有异曲同工之处。傩事活动，尤其是皖南傩戏的组织，一般“以宗族为单位……它既无职业班社，亦无专业艺人，演唱艺术的传授，大都是以‘口传心授’的民间传袭方式，父子相传和宗族师承”[④]。皖南圩区“马灯”同样以宗族为单位进行组织，通常在族长的带领下组建灯班。其传承主要由“马灯师傅”口传心授，也有家族或宗族世代沿袭传承。

皖南圩区“马灯”还有着肥沃的傩文化土壤。自古以来，皖南地区演傩风气盛行，是安徽傩的主要分布区域，“如芜湖的‘马灯’、《跳荷花》，祁门的《游太阳》，歙县的《打罗汉》《嬉钟馗》都是傩文化的代

① 王贤友、杨静编著：《民俗安徽》，合肥工业大学出版社2015年版，第85页。

② 张西昌：《宝鸡社火》，西安交通大学出版社2015年版，第19页。

③ 张媛媛、江小角主编：《安徽非物质文化遗产》，安徽文艺出版社2015年版，第57页。

④ 池州地区地方志编纂委员会编：《池州地区志》，方志出版社1996年版，第670—671页。

表”[①]。“傩戏之乡”贵池地区，“其东南部乡乡村村都流传傩戏”[②]，民间素有“无傩不成村”之说。

由此可见，皖南圩区“马灯”与傩一脉相承。皖南圩区“马灯”与盛行于这一区域的傩，不仅有着相同的人文环境和传统风俗内涵，还有类似的仪式程序、表现形态和组织形式。基于此，皖南圩区“马灯”具有傩的基本特征，本身也是一种傩的判断，并无疑义。

三、花灯属性

在春节至元宵节期间，皖南地区素有玩灯的习俗。所谓玩灯，“即花灯”[③]，指元宵灯会中的灯舞表演活动，“此为一年中规模最大的民间文化活动形式”[④]。据史料记载，“清光绪年间，宣广宁郎地区连年丰收，农民大规模的玩灯赛会，锣鼓喧天，连月不绝”[⑤]。民国以降，元宵节“前后凡十日，城乡各以玩灯为乐”[⑥]，“一时间，彩灯竞放，热闹非凡，它洋溢着万民同乐，共庆新春的喜悦气氛”[⑦]。

皖南地区花灯种类丰富，当中包括“马灯”形式。对此，地方志多有记载。如民国《当涂县志》记载：“灯有滚龙、板龙、跳狮、跑马、花篮、十二属诸类。”[⑧]《青阳县志》记载：“‘灯会’形式多样，有龙灯、

① 黄成林等：《安徽旅游文化研究》，安徽师范大学出版社2011年版，第316页。

②《中国戏剧年鉴》编辑部编：《中国戏剧年鉴（1990—1991）》，中国戏剧出版社1993年版，第71页。

③ 中国艺术研究院音乐研究所《中国音乐词典》编辑部编：《中国音乐词典》，人民音乐出版社1985年版，第398页。

④ 安徽省宣州市地方志编纂委员会编：《宣城县志》，方志出版社1996年版，第620页。

⑤ 安徽省文学艺术研究所编：《江淮戏曲谱》，安徽文艺出版社1985年版，第132页。

⑥ 民国《当涂县志》，江苏古籍出版社1998年版，第471页。

⑦ 佑人：《传统佳节话彩灯》，载政协南陵县文史办公室编：《南陵县文史资料》第六辑，1987年编印，第82页。

⑧ 民国《当涂县志》，江苏古籍出版社1998年版，第471页。

狮子灯、跑马灯、蚌壳灯等。”[①]《芜湖县志》记载：“民间多见的有龙灯、狮子灯、罗汉灯、高跷灯、马灯、花鼓灯。”[②]《宣城县志》记载：“春节玩灯……灯之种类有龙灯、马灯、高跷灯、狮子灯、采茶灯等，并有旱船、车上轿等民间歌舞穿插其中。”[③]《泾县志》记载：“（灯会）主要有龙灯（分板龙、滚龙2种）、竹马灯、采茶灯……其中龙灯、竹马、狮子、财神、魁星、麒麟等灯民间奉为神灯，灯至秉烛焚香，迎接祭祀。”[④]

皖南圩区“马灯”从多个方面体现了它的花灯属性。一是称谓带有花灯的内涵。在皖南圩区，春节兴灯以“龙灯”“马灯”和“罗汉灯”为主，它们有一个统一而特定的称谓“穿灯”。“穿灯”“马灯”“出灯”“圆灯”等约定俗成的称谓，无不体现了花灯属性。二是有特定的灯舞表演。皖南圩区“马灯”作为灯会的一部分，和其他花灯一样，都有灯舞表演内容，这在民间舞蹈属性中已有较为详细的论述，此处不再赘述。三是保留了花灯的初始形态。“花灯的原始含义，最先当是各种篾扎纸糊的工艺灯笼的泛称。因其在会火活动中的突出地位，随之成了汉族春节期间元宵灯会这一大型风俗活动的代称。”[⑤]皖南圩区“马灯”便保留了花灯最初的灯笼形态，这一形态除“门灯笼”（又称“高灯笼”）[⑥]和“香灯笼”[⑦]之外，“出灯”中的所有人员在夜晚都要手执一个点燃蜡烛的“香

① 安徽省青阳县地方志编纂委员会编纂：《青阳县志》，黄山书社1992年版，第550页。

② 芜湖县地方志编纂委员会编：《芜湖县志》，社会科学文献出版社1993年版，第732页。

③ 安徽省宣州市地方志编纂委员会编：《宣城县志》，方志出版社1996年版，第620页。

④ 泾县地方志编纂委员会编：《泾县志》，方志出版社1996年版，第691页。

⑤ 王群：《花灯浅说》，载云南省民族艺术研究所编：《云南民族音乐论集》，云南人民出版社1989年版，第193页。

⑥ 一般在“门灯笼”上，前书堂名，如“博陵世家”“三槐堂”等；后写姓氏，如“崔”“王”等。

⑦ “香灯笼”上只写姓氏。

灯笼”，尤其“神角”要以“香灯笼”代替白天手执的戏曲道具。带“香灯笼”的“马灯”表演，在民间被称为“穿红灯”，由于观赏性相对更强，颇受人们喜爱。四是时间上持续至元宵节后结束。皖南圩区“马灯”的活动时间，之所以会横跨除夕和元宵节这么长的时间，与花灯闹元宵有很大的关系。据《繁昌县志》记载，“乡村玩灯，初四兴灯，十六圆灯（结束）”[①]。如今由于多种因素的影响，皖南圩区“马灯”的活动时间已大大缩短，但仍然控制在春节至元宵节之间。

图1–2　点亮“香灯笼”等待夜场表演——“穿红灯”

综上所述，皖南圩区“马灯”是一种兼具傩与花灯性质的地方春节民俗事象。目前学界对皖南圩区“马灯”民俗性质的定性，所依据的只是皖南圩区“马灯”其中一种面向，但皖南圩区“马灯”包含了多种民俗面向，既有民间舞蹈的基本属性，又有傩的基本特征，还有花灯的基本形态。所以，仅从某一种面向定性皖南圩区“马灯”的民俗性质，所得结论虽能成立，但有失全面。从整体上看，皖南圩区“马灯”是吸收了民间舞蹈、傩和花灯的主要成分，衍生出的独具特色和艺术魅力的新的民俗形式。

① 繁昌县地方志编纂委员会编：《繁昌县志》，南京大学出版社1993年版，第426页。

第二节　历史源流辨梳

皖南圩区“马灯”从何而来，它是外来的还是本土产生的？这是研究皖南圩区“马灯”无法回避的一个问题。笔者是在“马灯”民俗文化的浸染中长大的，疑惑尤甚，青少年时期常百思不得其解。关于皖南圩区“马灯”的历史源流问题，目前学界有两种看法：第一种从傩的视角出发认为，“其渊源可追溯至《诗经》有记载的‘冯祭’，即出师前祈祷胜利的师祭”[①]；第二种结合民间舞蹈和花灯属性认为，“皖南圩区的‘马灯’之前身当可溯至宋代的‘跑竹马’”[②]。这两种观点由于立足点不同，结论大相径庭。笔者倾向于从“马”着手，因为这是皖南圩区“马灯”区别于皖南傩俗和其他花灯种类的根本特征，它决定着皖南圩区“马灯”这一民俗形式的基本形态。而且，随着学界对竹马文化的持续关注和考察，一大批学术研究成果不断问世，使中国古代竹马文化的产生及其演变脉络日益清晰，为解答这一疑问提供了基本条件和良好基础。有鉴于此，现做一简要辨梳，以解心中之疑惑。

一、古代竹马文化的产生及其历史演变

竹马文化是马文化的衍生品，考察竹马文化必然要探究马文化。我国马文化历史悠久，源远流长。“据农业史家考证，至迟在新石器时代晚期，人们就发现了马，随之利用了马，把马做（作）为生产、交通、战争的工具。这可以从内蒙（古）、新疆等地的崖画图像中得到证实。”[③]人们对马的驯化和利用，随之产生了马文化，留下了“神马驮书”“八骏

① 鲁安娜：《皖芜湖白马山“马灯”田野考察》，载麻国钧等主编：《祭礼·傩俗与民间戏剧——’98亚洲民间戏剧民俗艺术观摩与学术研讨会论文集》，中国戏剧出版社1999年版，第433页。

② 郭小刚：《皖南圩区“马灯”概说》，《中国音乐》2003年第1期，第103页。

③ 李晖：《“竹马”民俗文化的起源、传承与演进》，《淮北煤师院学报》（哲学社会科学版）2000年第3期，第63页。

马”“老马识途”“白马非马”等历史典故，以马为原型的绘画、陶瓷等艺术作品，以及“马球”“马戏”等娱乐形式，还对风俗的发展演变产生了重要影响。尤其在日常生活中，“儿童摹仿成人，以竹代马，奔跑嬉戏”①，成为竹马文化的起源。

古代竹马文化源自北方，但起源的具体时间有待考证。文献所见，“竹马”二字曾出现在《后汉书·郭伋传》中，郭伋为官素有民望，据记载：“（郭伋）始至行部，到河西美稷，有童儿数百，各骑竹马，道次迎拜。”②该文献中所记载的美稷县，位于今内蒙古自治区准格尔旗北部，学人由此推测，“‘竹马’风俗的起源，是在北部边疆的游牧少数民族，而不是中原以汉族为中心的农业民族”③。不管如何，按照文献所记载时间，竹马这一事物可能先出现在北方。而且从数百儿童骑竹马相迎之场景可知，骑竹马在东汉时期已然盛行，但究其具体起源于何时，现有文献所及，实难断定。

从汉代到唐代，竹马文化形态限定于儿童游戏，并衍生出情感因素。起初竹马游戏简单易玩，即“用竹竿子放在胯下作马，来回奔跑，乘骑为戏”④，儿童多乐为之。正因如此，“竹马”渐成为童年的代名词。如《世说新语》记载西晋初年晋武帝司马炎和原东吴大司马诸葛靓之间的一段对话，其中有“卿故复忆竹马之好不”⑤之句。由于诸葛靓之父为晋太祖司马昭所杀，诸葛靓在吴亡之后誓不归晋。司马炎为此屡次召见诸葛靓而不得，通过叔母即琅琊王司马由之妻、诸葛靓之姐“诸葛太妃”，才得与这儿时旧友见得一面，酒酣之间提出“竹马之好”之问，试图以旧情换得诸葛靓的归附和支持。唐代诗人李白在“竹马”为儿时之意的基

① 麻国钧、麻淑云：《中华传统游戏大全》，农村读物出版社1990年版，第556页。

②（南朝宋）范晔：《后汉书》卷三十一《郭杜孔张廉王苏羊贾陆列传第二十一》，（唐）李贤等注，中华书局1974年版，第1093页。

③ 李晖：《“竹马”民俗文化的起源、传承与演进》，《淮北煤师院学报》（哲学社会科学版）2000年第3期，第63页。

④ 叶大兵、乌丙安主编：《中国风俗辞典》，上海辞书出版社1990年版，第627页。

⑤（南北朝）刘义庆：《世说新语》，钱振民点校，岳麓书社2015年版，第57页。

础上赋予进一步情感，其著名诗篇《长干行》有“郎骑竹马来，绕床弄青梅”[①]之句，衍生出成语“青梅竹马”，代表青年男女两小无猜的美好情义。

唐代以降，竹马文化由简单的儿童游戏进入复杂化的发展演变通道。这一变化从竹马形态开始，“除去那些最原始最普通的胯下一竿的竹马继续流行之外，又出现另一些比较复杂的竹马”[②]。唐代诗人李贺在《唐儿歌》诗中有“竹马梢梢摇绿尾，银鸾睒光踏半臂”[③]之句，描绘了唐代竹马形态的变化，竹马的尾巴已经由原来斩头去尾的一根竹竿，向保留竹尾和竹叶转变。进一步演化的结果是出现了竹或纸扎成的马头，如宋代白地黑花婴戏纹枕所绘儿童骑竹马图之竹马，不仅保留了竹尾，还出现了竹马头。明代徽州制墨名人方于鲁所制“九子墨”绘有童戏图，图中竹马形态又出现新的变化，“除去一个逼真的马头之外，后面又牵拉一横竿，竿头各有一轮，形似小车，小儿高扬马鞭，半蹲半坐，后面一小儿手举荷叶以代帷盖。前面又有一小儿肩扛小旗，并与另一小儿各击一锣、一鼓”[④]。竹马形态发生变化的同时，竹马儿童游戏的内容也大大丰富了，由单一游戏进化为群体游戏。

竹马文化的复杂化还体现在日益艺术化和戏曲化，衍生出“竹马舞”“竹马灯”“竹马戏”等多种形式。据《武林旧事》记载，宋时临安元夕舞队“如傀儡、杵歌、竹马之类，多至十余队”[⑤]。《梦粱录》也有同样的记载：“姑以舞队言之……竹马儿、村田乐、神鬼、十斋郎各社，不下数十。”[⑥]可见竹马在宋代已由儿童游戏衍化为社火歌舞，并分为“小儿

① 张忠纲主编：《全唐诗大辞典》，语文出版社2000年版，第736页。

② 麻国钧、麻淑云：《中华传统游戏大全》，农村读物出版社1990年版，第556—557页。

③（唐）李贺：《李贺诗集》，徐传武校点，上海古籍出版社2015年版，第20页。

④ 麻国钧、麻淑云：《中华传统游戏大全》，农村读物出版社1990年版，第557页。

⑤（宋）周密：《武林旧事》卷二《舞队》，光明日报出版社2014年版，第45页。

⑥（宋）吴自牧：《梦粱录》卷一《元宵》，浙江人民出版社1980年版，第3页。

竹马”和“踏跷竹马”[1]两个独立的表演形式。到了元代，竹马歌舞与杂剧进一步结合，“成了许多剧目的有机部分”[2]，如《崔莺莺待月西厢记》《承明殿霍光鬼谏》《裴少俊墙头马上》《吕洞宾桃柳升仙梦》《尉迟恭单鞭夺槊》等杂剧中都有竹马表演片段。

明清时期，竹马文化形态进一步演化。一方面，竹马社火表演融入戏曲性。如《明宪宗元宵行乐图》中有一组“三英战吕布”的竹马社火表演，“此组表演一共七人，队伍以一人推彩灯球为首，一人执彩旗相随，另外四人各骑四色竹马，手挥刀、枪、剑、戟，相对起舞，旁边台阶上另有一人敲锣伴奏”[3]。这样的队伍构成和表演形式，与皖南圩区“马灯”极为相似，可以看作皖南圩区“马灯”之前身。至清代，竹马社火表演与地方戏曲进一步融合，文化形态趋于成熟。

另一方面，竹马文化逐步地方化。竹马文化的地方化，不仅表现在竹马表演形式的多种多样化，还体现在竹马有关民间传说的地方性，如流行于浙江淳安一带的一则民间传说：“明朝朱元璋带兵途经淳安鸠坑，扎营万岁岭（谷雨岭）时遗失坐骑一匹。被遗的战马因落荒而无归宿，经常出来糟蹋五谷，伤害六畜，骚扰百姓。但因该马是朱元璋的，乡民们不敢捕杀，为了消邪避灾，就将它视为神马供奉。每年从腊月二十四至正月十八日这期间，乡民们便挨家挨户拼凑香纸锡箔，索钱买五彩纸糊起竹马，奉行祭灵仪式后，便焚毁竹马以求消灾保平安。”[4]又如陕西关中跑马灯的传说：“相传明朝末年，李自成造反后，有次被官兵围困在

① 据《西湖老人繁盛录》记载：“禁中大宴，亲王试灯，庆赏元宵，每须有数火，或有千余人者。全场傀儡、阴山七骑、小儿竹马、蛮牌狮豹、胡女番婆、踏跷竹马、交衮鲍老、快活三郎、神鬼斫刀。”载（宋）孟元老：《东京梦华录》，颜兴林译注，二十一世纪出版社集团2018年版，第266页。

② 周育德：《竹马说》，载文化部文学艺术研究院戏曲研究所《社会科学战线》编辑部编：《戏曲研究》第二辑，吉林人民出版社1980年版，第336页。

③ 郭小刚：《基于图像学的中国古代竹马舞流变考源》，《北京舞蹈学院学报》2018年第1期，第28页。

④《中华舞蹈志》编辑委员会编：《中华舞蹈志·浙江卷》，学林出版社2014年版，第77页。

一座城中。他带领男女将士挑灯应战，设法突围。可是他的兵马不多，为了迷惑官兵，他一面将真人真马排列在四大城门口，准备冲出去。一面让城中百姓制作纸马，以人架于马中，在城墙的灯火下来回奔走。一直熬到半夜三更时，他见城下官兵都困了。立即下城调集全部兵马侍立于南城门下，又奔城上将全部纸马调集北城门上。城外官兵发现北门城楼上人马集中，以为闯王要在北门突围。于是他们也将城外的全部主力军集结于北城门河沿上，准备一举消灭李自成。谁知李自成见官兵中计，趁机从南门突围而去，后来攻下了京城。人们为了纪念闯王破敌和庆祝李自成得天下，就仿照当夜做法用竹篾子绑扎成竹马要起来，形成民间社火中的跑竹马节目。”①从北方到南方，各地普遍流传有与竹马相关的民间传说，这些传说故事的历史背景和主要内容各不相同，但都具有很强的地方性，是竹马文化地方化的一个明证。

竹马文化历经千年历史演变，不断吸收社火、戏曲、人文等各种因素，由儿童竹马游戏完成巨大蜕变和升华。“从《后汉书》中记载的‘儿戏’，到唐宋开始分化成儿戏、社火、歌舞，宋元以后，竹马逐渐向南流传，表演的主体也逐渐由孩子转变为成年人，竹马的角色开始丰富，表演逐渐分化”②，最终演变成在全国各地盛行而又形态各异的竹马民俗文化。

二、竹马文化在江南地区的传承与异化

宋元以降，竹马文化在江南地区扎根，“马灯”成为元宵灯会的重要组成部分。近代江南地区的元宵灯会中，“马灯”是极具特色的内容，“常是灯会的压轴节目”③，并且呈现出多种样态。据《申报》记载，清

① 雪犁主编：《中华民俗源流集成（游艺卷）》，甘肃人民出版社1994年版，第373页。

② 郭小刚：《“非遗”视野下竹马舞的存世及研究现状》，《北京舞蹈学院学报》2016年第5期，第54页。

③ 中国民族民间舞蹈集成编辑部编：《中国民族民间舞蹈集成（浙江卷）》，中国舞蹈出版社1990年版，第46页。

光绪二年（1876）正月十三日夜，姑苏灯会巡行街市，十二扇起马牌灯作为先导，花篮灯、西瓜灯在前，“马灯踵至，第一匹以红绢扎成，乘坐者状为判官，形持折扇，其头摇动无定时，胸中点灯数盏，真可称心地光明矣。马足下有车轮，一人从后推之，其行迅疾无比。判官之后，马七匹形如前，惟乘坐者皆生人而扮古美女，形如明妃太真之属，面目均极艳冶”①。又光绪二十二年（1896）正月芜湖三市六街试灯之夕，“有幼童十余人各跨马灯，面涂粉墨，其尤隽者状成和番之王昭君，玉貌绛唇，柔情媚态，就马上谱胡笳二八拍，一字一泪，幽怨动人”②，与姑苏灯会中的“马灯”大不相同。

此后竹马文化在江南地区的沿袭和传承并不顺利，历经坎坷曲折，幸运的是仍能延续至今。近代以来，江南地区饱受战乱和自然灾害叠加之苦，农村凋敝，农民贫苦，使“马灯”等“玩灯”活动遭到严峻挑战。据《申报》记载：“这里的马灯在从前是每年从正月十三四里起，要看到月底为止的，可是自从农村里受水灾旱荒、兵燹匪祸和苛税杂捐的重重压迫之后，乡下人时常连生活都感到困难，还哪来这兴致发起什么灯会?”③全面抗日战争爆发以后，江南地区惨遭沦陷，人们流离失所，“玩灯”活动全部停止，直到新中国成立后才得以恢复。但是，“到1953年，因反对封建迷信、反对铺张浪费，对玩灯有所控制。‘文化大革命’期间，把玩灯划为‘四旧’禁锢多年”④。改革开放以后，江南各地才又陆续恢复“玩灯”活动，“马灯”得以重新被挖掘、传承和延续。

从妆扮形态和表演内容来看，江南地区的“马灯”各具特色。如流传于上海崇明上沙一带的“跑马灯”，以“昭君出塞”故事为核心，由男子妆扮的昭君娘娘、护送和番的新科状元王龙、随行宫娥彩女、匈奴使者番兵、小丑、宫中执事、护法、提宫灯者和官差等人物组成，表演时

---

①《姑苏灯市纪盛》，《申报》1876年2月16日，第2版。

②《江口观灯记》，《申报》1896年3月6日，第2版。

③ 方舟：《灯会》，《申报》1936年3月14日，第18版、增刊第2版。

④ 繁昌县地方志编纂委员会编：《繁昌县志》，南京大学出版社1993年版，第385—386页。

将红、绿、黄、白、黑五色绸缎扎成的马头和马尾系在身上，随着鼓点，以分马阵作为开始，然后在二十五种阵式（最初只有十六种阵式）中任意选取表演，最后以太极阵结尾①。又如流传于浙江开化霞山一带的“高跷竹马”，结合“高跷”和“竹马”两种形式，由八名男子扮演唐代人物，骑黄马（梨花马）者为李世民，骑红底白花马（桃花马）者为李治，骑白花马（雪花马）者为徐茂公，骑黑马（乌鸦马）者为尉迟恭，骑红马（赤光马）者为程咬金，骑黄马（黄骠马）者为秦叔宝，骑白马（白龙马）者为薛仁贵，骑白花马（乌豹马）者为罗成，另有十六人扮演马夫穿插护行，“表演以游走为主，表演时，一面红旗引路，八马相随，马夫各侍其主，随着‘竹马鼓’走出各种阵式”②。再如流传于江苏高淳（今南京市高淳区）、溧阳一带的“大马灯”，取新竹扎成两米多高的竹马骨架，然后蒙上半透明纱棉质布，并予以染色。表演时，须二人协作，一人在前举起马头和前身，一人在后撑起后身，并挑选轻巧少年扮演刘备、关羽、张飞等三国时期的人物坐在马上。“舞蹈动作受马架的牵制，一般为奔跑、摆阵势或缓行，其中以模拟马的动作为主，如昂首、摆首、转首、吸蹄、举蹄、弄蹄、颠蹄、展身、摇尾、撑尾、舔毛、剔蹄等。”③还有流传于安徽铜陵钟鸣一带的“竹马灯”，由八匹马和八人骑组成，“两个小生，一个扮书生手扶扇，另一个执令旗，各骑红马；两个小丑，顽童打扮，各骑白马；其余两对扮村姑和青年，各骑黄马。四盏四角灯，两幅城墙城门布条。由骑红马小生领头，在广场流动性表演各种队形变化的舞蹈”④。

①《中华舞蹈志》编辑委员会编：《中华舞蹈志·上海卷》，学林出版社2014年版，第60—62页。

②《中华舞蹈志》编辑委员会编：《中华舞蹈志·浙江卷》，学林出版社2014年版，第80页。

③《中华舞蹈志》编辑委员会编：《中华舞蹈志·江苏卷》，学林出版社2014年版，第113页。

④詹敬鹏、詹倩：《铜陵“三灯”闹新春》，《江淮》2009年第2期，第50页。

图1-3　铜陵钟鸣“竹马灯”

即便是同一区域和同一类型的“马灯”，在情节设计和表演动作等方面也会略有差异。如流传于苏州城乡一带的“调马灯”，其中常熟大义“马灯”有武官（执马鞭）、老头、老太和媳妇（各执彩色手帕）这四个人物，表演自由随意，主要动作为“斜三步”“小碎步”“前后荡步”“左右荡步”“马跳步”等；但昆山锦溪“马灯”人数不定，男女皆可扮演骑马者出场表演，主要动作有“散步”“跳案”“转圈”“蹲步”“纵跳”“快步”等，“多人表演时，诸马头尾相接，根据锣鼓节奏走出各种队形”①。

而且江南地区的“马灯”在传承的过程中，仍不断地演化。其演化可以分为两类：一类是增添新的内容，以流传于上海松江新浜一带的“花篮马灯”为例，初为四马四花篮的搭配，后来由民间艺人改为六马六花篮和八马八花篮两种，在原扮演李三娘、许仙、吕纯阳、骚搭子等角色的基础上，增添八顶黄绸大撑伞、八名身穿彩衣的伞灯女和八名手提花篮的花灯女，所表演的舞蹈形式也由原来的以“牌九”名称的“天牌”“梅花”“板凳”“红九”等，增加“野猫洞”“打回龙”“嵌宝如意”“鹊桥相会”等“三十一种花样图案”②。另一类是衍生新的民俗形式，如流

①《中华舞蹈志》编辑委员会编：《中华舞蹈志·江苏卷》，学林出版社2014年版，第126页。

②《中华舞蹈志》编辑委员会编：《中华舞蹈志·上海卷》，学林出版社2014年版，第58—59页。

传于安徽当涂石桥一带的“骏马凌云”，原称“云马舞”，由当地县文工团在20世纪50年代末综合“马灯舞”“云舞”和采茶灯曲调“玉莲子”改编而成，多在春节、庙会和灯会上演出，“是当地的主要民间艺术品种”①。其中提到的“云舞”在安徽郎溪姚村一带颇为流行，据说是从当地“马灯”“龙灯”中谓之“伴灯”的跑云阵式衍化而来，现已成为独立的灯种“跑云灯”，“至于其何时脱离龙灯、小马灯成为独立表演的民间舞蹈，已无从考证”②。

不管怎样，在江南地区多种多样的“马灯”中，皖南圩区“马灯”别树一帜。通过对江南地区竹马文化的粗略考察可知，“马灯”是江南地区竹马文化最为主要的表现形式。这些“马灯”经过长期的流传和异化，尽管还保留了很多共同的形态和特征，但显然已不尽相同，甚至表现出巨大的差异。又经过形态和内容的大致比对，不仅在皖南地区，放眼至江南地区，皖南圩区“马灯”也别具特色，再一次反映了竹马文化在江南地区传承的特点和规律。

三、皖南圩区“马灯”个性生成与根据

整体上看，皖南圩区“马灯”是共性和个性的有机统一体。简单来说，皖南圩区“马灯”的共性在于保留了竹马文化形态、元宵花灯属性及戏曲装扮等，其个性表现在融入傩仪、字舞及关公信仰等内容。共性决定了皖南圩区“马灯”的基本属性，是无条件的、绝对的，但个性体现了它的独特性，是有条件的、相对的。那么，皖南圩区“马灯”的个性又是如何生成的呢?

首先，竹马文化在皖南圩区扎根，缘于这一区域有一定的马文化基础。民俗文化的形成、流传和发展，与地方人文环境息息相关，曾有学

①《中华舞蹈志》编辑委员会编:《中华舞蹈志·安徽卷》，学林出版社2014年版，第140页。

②《中华舞蹈志》编辑委员会编:《中华舞蹈志·安徽卷》，学林出版社2014年版，第144页。

者提出疑问："北方有马，南方无马，为什么北方的'竹马'会在南方流传？"[①]实则不然，并非"南方无马"，其实"南方有马"。

皖南圩区大规模养马始于明代。洪武六年（1373），江南各地应诏养马，其时明政府"命应天、庐州、镇江、凤阳等府，滁、和等州民养马。江北以便水草，一户养马一匹，江南民十一户养马一匹"[②]。皖南地区稍迟，到永乐年间才开始养马。永乐十五年（1417），明政府重定南方养马条例，规定"凤阳、庐、扬、滁、和等江北各府州五丁养马一匹，应天、太平、镇江等江南各府十丁养马一匹，并将养马（范围）扩大到淮、徐、安庆、宁国、广德等地"[③]。

清袭明制，皖南圩区增设多处规模较大的养马场。清政府禁止民间私畜，以官田养马，如在太平府属当涂、芜湖二县境内万春圩地方新设江宁牧场，为驻防八旗牧场之一。更在繁昌一县设立养马场九处，分别为中宁、成隆、西鸣、茅场、新林、岳山、团场、河塘和高安，"共田地五十顷一十七亩一分四厘，每亩科征租银四分二厘三毫二丝七忽，共正银二百四十五两六钱三分九厘，加一耗银二十四两五钱六分四厘，系马佃户办纳解司拨充饷用"[④]。

明清两代，皖南圩区深受"马困"，民不堪命。宁国府属南陵县"明初困于养马，万历中奉文裁革，民得孳息，自备骑坐。乾隆三十年（1765）间，县署还有差役强拉，后更按图苛派，甚为民累，嘉庆五年（1800）奉巡抚荆饬县严禁给示勒石"[⑤]。邻县繁昌县亦是如此，据地方志记载，"驿马之害，民不堪命，盖数十年于兹，先是每县佥民间富户养马，迨后驿马益骚，民困益甚，未几而富者尽敝，至有田产鸣罄而颠连

① 金天麟：《群众文化民俗学研究》，黑龙江人民出版社2004年版，第23页。

②（明）姚广孝：《姚广孝集》三，商务印书馆2016年版，第1222页。

③ 王复兴：《简论明成祖时期的马政》，《齐鲁学刊》1987年第4期，第63页。

④（清）曹德赞原本，（清）张星焕增修：道光《繁昌县志》卷五《食货志·田赋》，江苏古籍出版社1998年版，第80页。

⑤ 余谊密主修，徐乃昌纂修：民国《南陵县志》卷十六《食货志·物产》，江苏古籍出版社1998年版，第208页。

赴螯以亡，由此民间不复能养马”①。民牧之乏和驿马之害，使得马户苦不堪言，“马户之为民累也，日增月盛，几为积重难返之劳，自明季国初，马费靡千金”②。民为“马困”，必然拒养马匹。嘉靖五年（1526），皖南宁国府便发生拒养马匹的事件。是时，宁国府属六县仅南陵县养马，因而应天巡抚、都御史吴廷举将高淳县续领蒙城县马匹改派宁国府宣城等五县，以苏民困。然而此种“拆东墙补西墙”的做法遭到宣城等五县的强烈抵制，五县豪民何隆等聚集民众两万余人“大噪”，时旌德县知县张凤翀在《奏旌德免养马疏》中抱怨称：“自札付到后，府县查刷丁田，编立马户，（旌德县）富者举家悲哭，贫者挈家逃窜，十室九空……各民老幼男妇连日跪街哭告，不肯认领前马。”③可见，“南方有马”并非幸事，有明以来，皖南圩区深陷“马困”泥潭而不能自拔，给地方社会带来沉重负担。

皖南圩区养马，对地方风俗也产生较大影响。明清两代，皖南圩区普遍祭祀马神，又称马王。其中有专设马王庙，定期祭祀的。据民国《芜湖县志》记载：“马王庙旧在府馆，后移建夫厂，后嗣废为民居。嘉庆时，厩房在县东后巷，于中厂设像，如期举祭，咸丰后废。又清水河镇北有马王庙。”④也有未设专庙，附于土地祠或其他庙宇之中进行祭祀的。如嘉庆《旌德县志》记载：“马神庙，本邑未有专庙，有神像在北门外武庙内。每岁春秋仲月上戊日祭以祈马……又考《会典》，每岁九月初一日，祭马王之神，因今州县祭期各异，故并志之。”⑤道光《繁昌县志》记载：“马神，即附仪门东土地祠内，《周礼》校人春祭马祖、夏祭先牧、

① （清）曹德赞原本，（清）张星焕增修：道光《繁昌县志》卷六《食货志·马田》，江苏古籍出版社1998年版，第92页。

② （清）曹德赞原本，（清）张星焕增修：道光《繁昌县志》卷十六《艺文志》，江苏古籍出版社1998年版，第282页。

③ 嘉庆《旌德县志》卷之九《艺文·奏疏》，江苏古籍出版社1998年版，第295页。

④ 余谊密等总裁，鲍世期等监修：民国《芜湖县志》卷四十《庙祀志·庙坛》，江苏古籍出版社1998年版，第128页。

⑤ 嘉庆《旌德县志》卷四《典礼·秩祀》，江苏古籍出版社1998年版，第84页。

秋祭马社、冬祭马步……四时各有所祭，今通称马王，岁祭于春秋，驿与营并重之。”①

其次，皖南地区旧有岁时风俗，为皖南圩区“马灯”的个性生成提供了丰富素材。第一，皖南民间素喜“酬神赛会”，“大约吴楚之风今犹昔也”②。同时，这是稻作之余休闲文化的一部分。据地方志记载：“田功既毕，乡人皆醵金赛神，丛祠社鼓，村落阗然。既事饮福醉袍狼藉，虽曰田农拙业，殆亦自有其乐乎。”③当然，赛会活动也有经济利益，故而屡禁不止。“闻旧曾伤人，而其风不息，盖神会中饲以酒肉，更醵钱与之，故贪利无赖之人不惜身命为之，前守李示禁而未能革也。”④第二，皖南地区甚爱“张灯演剧”。元宵佳期，“比屋张灯而烛龙尤盛，鼓吹前导，遍历亲友家，致天仙送子旗一面、烛一对，亲友以彩红礼之。自十三日起为试灯，十七日为送灯，俗以酬神兼祈子，间复有儿童扮为杂剧亦如之。此虽糜费，实太平景象也”⑤。其他时节也有“演剧”活动。如在季春，“城中士民舁城隍神遍游城内外，其判官、鬼卒等神皆以人为之，涂面彩衣徒步，前导旗鼓相续，谓之城隍会。并召优人演剧于庙，亦有二月行之者”⑥。有人甚至组建专门的“柯班”，由“邑子弟工度曲者聚而演剧”⑦。第三，皖南特色风俗为皖南圩区“马灯”所借鉴和吸

① （清）曹德赞原本，（清）张星焕增修：道光《繁昌县志》卷四《营建志·坛壝》，江苏古籍出版社1998年版，第57页。

② （清）卫廷璞：雍正《建平县志》卷六《风俗》，江苏古籍出版社1998年版，第397页。

③ 余谊密等总裁，鲍世期等监修：民国《芜湖县志》卷八《地理志·风俗》，江苏古籍出版社1998年版，第28页。

④ （清）胡有诚修，（清）丁宝书等纂：光绪《广德州志》卷二十四《节序》，江苏古籍出版社1998年版，第358页。

⑤ （清）曹德赞原本，（清）张星焕增修：道光《繁昌县志》卷二《舆地志·风俗》，江苏古籍出版社1998年版，第32页。

⑥ （清）曹德赞原本，（清）张星焕增修：道光《繁昌县志》卷二《舆地志·风俗》，江苏古籍出版社1998年版，第32页。

⑦ 余谊密等总裁，鲍世期等监修：民国《芜湖县志》卷八《地理志·风俗》，江苏古籍出版社1998年版，第30页。

收。除前文已经提及的贵池傩俗，还有流传于徽州地区的云端舞，原为徽剧中插入性表演内容，同治年间传入民间，成为独立表演的“字舞”，主要由八位男子两手各持云片道具，“按固定词曲，每歌舞一段，便用云片搭成一个字，依次搭出天、下、太、平四个字”①，与皖南圩区“马灯”中的“模云”内容基本一致。此外，目连戏的诸多仪式和内容也为皖南圩区“马灯”所沿袭，如作为目连班社演出开始标志的“搀佐”，“直至现今，南陵圩区玩马灯、罗汉灯，仍有此习”②。

最后，移民入籍为皖南圩区“马灯”的杂糅与共生提供了可能。皖南圩区“马灯”的最大特点是杂糅了各种风俗内容，最终共生出这一种极具个性的民俗文化形态。作为名不见经传的地方民俗形式，它是怎么做到的？这要归因于皖南圩区是一个移民社会，风俗多元趋同现象突出。历史上有多次“北民南渡”，皖南圩区均为主要移民目的地，尤其是在太平天国农民战争以后，清政府推动了一次大规模移民行动，“移民从家乡带来的歌舞，如旱船、高跷、花棍、推小车、花鼓、灯曲等，逐渐与皖南民间歌舞马灯、彩灯、彩船等合流，形成‘满场锣鼓半场人，唱唱打打玩彩灯’的灯会活动”③。

由此可见，皖南圩区“马灯”是古代竹马文化不断演化的产物。由简单的竹马儿童游戏逐渐演化为多样化的民俗文化形态，构成竹马文化演化的一般规律。在不断演化的过程中，一方面，皖南地区的人文环境和独特的民俗文化，为皖南圩区“马灯”的形成提供了肥沃土壤；另一方面，移民带来的民俗习惯和资源，为皖南圩区“马灯”的融合出新提供了丰富素材。这才使得皖南圩区“马灯”呈现出杂糅与共生的基本特征。

---

①《中华舞蹈志》编辑委员会编：《中华舞蹈志·安徽卷》，学林出版社2014年版，第142页。

② 姚远牧：《南陵目连戏综述》，载中国艺术研究院戏曲研究所、安徽省艺术研究所、安徽省祁门县人民政府编：《目连戏研究文集》，1988年编印，第219页。

③ 葛庆华：《近代苏浙皖交界地区人口迁移研究：1853—1911》，上海社会科学院出版社2002年版，第266页。

第三节 皖南圩区“马灯”的兴起

作为一种独立的民俗文化形态，皖南圩区“马灯”兴起于何时，尚无定论。有学者从田野调查资料推断，“‘马灯’流传到该区域至少有百年的历史了”①。对这一时间段追溯，也就是说皖南圩区“马灯”可能兴起于晚清时期。还有学者在分析皖南圩区“马灯”蕴含的传统文化信息时初步认为，它“距今已有1000年左右的历史”②。据此推论，皖南圩区“马灯”的兴起时间可能在北宋时期。这两个关于皖南圩区“马灯”兴起时间的论断，相差近900年的时间，差距不可谓不大，有必要做进一步考辨。但是，对皖南圩区“马灯”兴起时间的考证，目前困难重重。从现有考证情况来看，不同学者根据不同资料和不同视角的推断，得出的结论不仅大相径庭，而且均缺乏足够的说服力。根本原因在于，“‘马灯’最早何时存在于皖南圩区，暂无确证可考”③。所谓“暂无确证可考”，就是说缺乏明确的证据，也就是缺乏文字资料的支撑。皖南圩区“马灯”鲜见于文献资料记载这一点，为考证其兴起时间带来了极大困难。这就只能从不同角度分别进行剖析，然后运用历史研究技术性方法予以论证。史学方法论有技术性方法和导向性方法两种，其中技术性方法是一种确定历史事实的研究方法。“历史科学运用的各种技术性方法，本质上都是形式逻辑的归纳法和演绎法。”④依据归纳法，以下先从民间传说等方面展开直接地和间接地论证，最后依据演绎法，从我国古代民俗发展的一般规律出发对论证结果进行验证。

① 郭小刚：《皖南圩区“马灯”概说》，《中国音乐》2003年第1期，第103页。

② 许丹：《试论皖南民俗走马灯的社会意义》，《民族论坛》2006年第10期，第32页。

③ 郭小刚：《皖南圩区“马灯”概说》，《中国音乐》2003年第1期，第103页。

④ 庞卓恒、李学智、吴英：《史学概论》，高等教育出版社2006年版，第233页。

一、从民间传说看兴起时间

民间传说由人们口耳相传，虽然经过一定的艺术加工，但仍具有较强的历史性和信实性。“民间传说是人民创作的与一定的历史人物、历史事件和地方古迹、自然风物、社会习俗有关的故事。传说的主人公大都有名有姓，而且不少还是历史上的有名人物。他们的活动遗迹，常被联系到地方上有些自然物、人工物及社会风习上面，于是有不少传说就成了这些事物的来历的一种说明。”①民间传说与历史关系密切，“但又绝不就是信史”②，它是历史事实艺术化的再现，“但是传说直接包含了历史的、实在的因素，而且传说往往直接讲述特定的历史事物或当前的事物，它对于事件、习俗、风物往往具有溯源性的解释功能”③。因此，从民间传说推论皖南圩区“马灯”的兴起时间具有一定的可操作性。

关于皖南圩区“马灯”的起源，有多种民间传说。其一，据芜湖市湾沚区陶辛镇倪家村崔墩自然村的某位“马灯师傅”所说，明初有一位将军归隐此地，出于对古代英雄将领的信仰，根据战场上的兵法布阵，创作而成“马灯”④。其二，铜陵市义安区钟鸣镇牡东村白牧岭自然村流传着这样一则“竹马灯”传说：“相传明末清初，村西南方有一座山，在夜里可听到马铃声响，后来又有人发现一个红脸大汉，疑是‘关公老爷’现身。经村里掌门先生及族长们商议，以玩灯纪念。”⑤其三，据芜湖市弋江区火龙岗镇四联村汪坳自然村一带“马灯师傅”讲述，马灯是太平天国农民军受伤者，流散后隐居乡间，时逢战争过后发“人瘟”，于是将马灯传授给当地老百姓驱逐瘟神的。

---

① 钟敬文主编：《民间文学概论》第2版，高等教育出版社2010年版，第136页。

② 程蔷：《中国民间传说》，浙江教育出版社1995年版，第9页。

③ 段炳昌等编著：《中国西部民族文化通志 文学卷》，云南人民出版社2014年版，第271页。

④ 余涛、杨文茹、涂传飞、余静：《村落语境中传统体育的文化功能——以芜湖县崔墩穿马灯活动为例》，《中国体育科技》2011年第5期，第102页。

⑤ 詹敬鹏、詹倩：《铜陵“三灯”闹新春》，《江淮》2009年第2期，第50页。

这三种民间传说，自圆其说，相互之间没有必然联系。从故事情节来看，三种民间传说虽然篇幅都较短，但故事情节都相对成熟饱满，且自成逻辑体系，没有明确的关联信息。从内容实质来看，第一种民间传说反映了对古代英雄的崇拜，第二种民间传说与关公信仰有关，第三种民间传说与太平天国农民战争有关，这三种内容实质都是皖南圩区“马灯”蕴含的重要内容，但又相互独立。从时间范围来看，三种民间传说都给出相对明确的时间线索，第一种民间传说故事发生在“明初”，第二种是“明末清初”，第三种提及太平天国“战争过后”，即晚清时期，虽然都限定在明清时期，但具体时间段有较大差异。

经过对比分析，第三种民间传说的可信度要高于前两种。“界定传说的关键在于叙事内容中是否牵涉到某种事实要素，即‘证据’。这种事实要素可以是人物、事件、古迹、习俗乃至于自然现象，但是这种事实要素必须是有史书可查证或可亲眼所见、现实举行，这种事实要素和附着于其上的情节之间形成了一种艺术张力，这种张力来源于信实性、历史性、解释性、幻象性的有机融合。”[①]基于此，前两种民间传说相对缺乏“事实要素”，但第三种民间传说完全符合这一条件，在地方文献中可以找到相关“事实要素”。而且，前两种民间传说反映的内容实质均只是皖南圩区“马灯”的一个面向，第三种民间传说却反映了多个面向，最为关键的是直接点明了皖南圩区“马灯”兴起的根本目的，即“驱逐瘟疫”，这完全符合民俗当中酬神祈福的基本文化特征。

因此，从民间传说推论，皖南圩区“马灯”的兴起时间，当在太平天国农民战争之后，具体时间尚无资料可考，模糊地讲就是晚清时期。

对皖南圩区“马灯”兴起于太平天国农民战争之后的判断，能否成立，要基于第三种民间传说“事实要素”的确定。从第三种民间传说故事情节中可以找出多条历史信息，但关键信息有两条：一是皖南圩区“马灯”的传授者是隐居乡间的太平天国农民军受伤者；二是皖南圩区在

① 段炳昌等编著：《中国西部民族文化通志 文学卷》，云南人民出版社2014年版，第272页。

太平天国农民战争后发生瘟疫。这是皖南圩区“马灯”兴起的两大前提条件。那么，相对应地，太平天国农民军受伤者隐居乡间和发生瘟疫是否都具有历史依据呢？

首先，太平天国农民军受伤者确有可能流散隐居于皖南地区。太平天国时期，“皖南地区为清军与太平军争夺战场及太平天国主要后方”①，太平军在此兵败后四处流散，“他们带领家人和部属，选择到宣城附近的山区落籍定居”②，宣城一带因此成为太平天国遗族主要落籍群居地之一。经过太平天国农民战争，“皖南久历奇惨，烟户稀少，甚有数十里不见人迹者，深恐奸匪潜藏，肆行劫掠，为行旅孤客患”③，为太平军将士流散隐居提供了良好的条件。加之，清政府在战后募民移垦于皖南，如“南陵本汉春谷，风土人物夙称饶秀，自遭粤匪蹂躏，半系流寓之户”④。在此后半个世纪中，“有一百多万移民及其后裔定居本区”⑤，使皖南地区出现“土著少，客籍多”⑥的人口格局，为太平军将士流散隐居提供了难得的契机。“落户的广西人进入被废弃的村落时，看到的是房屋俱在而空无一人，村内骨骸遍地，屋内幔帐完好，但一触即为粉末，床上躺着人的尸骸，夜晚鬼火闪烁，野兽咆哮，他们就是在这样的条件下开始垦荒定居的。”⑦

① 安徽省地方志编纂委员会编：《安徽省志·建置沿革志》，方志出版社1999年版，第1173页。

② 王密林：《太平军将领黄朋厚墓考察记》，《宣城历史文化研究》（微信版）第79期。

③ 刘镇钚：《同治三年皖南肃清上曾滌生相国议善后条陈》，载余谊密主修，徐乃昌纂修：民国《南陵县志》卷四十一《艺文》，江苏古籍出版社1998年版，第638页。

④ 余谊密主修，徐乃昌纂修：民国《南陵县志》卷末《叙录》，江苏古籍出版社1998年版，第862页。

⑤ 葛庆华：《太平天国战后皖南地区的移民活动》，《中国历史地理论丛》2002年第2辑，第90页。

⑥ 杨虎等修，李丙麟纂：民国《宁国县志》卷十四《杂志·灾异》，江苏古籍出版社1998年版，第323页。

⑦ 王密林：《太平军将领黄朋厚墓考察记》，《宣城历史文化研究》（微信版）第79期。

其次，江南地区在咸同之际确实发生大疫，皖南地区尤甚。战争往往引发瘟疫，时南陵县人刘镇铄在《同治三年皖南肃清上曾滌生相国议善后条陈》中曾明确提出这一忧虑："皖南人民死亡，尸骸狼藉，村内村外，池中井中，在在皆是，春气动作，必然蒸成瘟疫。今宜饬各甲长设法掩埋，使境内人民得以安居，不召灾殃。"①但实际在咸丰十年（1860），瘟疫就已在江南地区流行，而且"基本随着战场的出现和转移而引发、传播"②，至同治三年（1864）才趋于平息。在疫情最严重的同治元年（1862），"五月宁国瘟疫流行，全境死亡枕藉，无人掩埋"③。曾国藩也上奏称："近日秋气已深，而疫病未息。宁国所属境内最甚，金陵次之，徽州、衢州次之。"④这次瘟疫持续时间长、波及范围广、破坏力强，"是清代江南涉及范围仅次于嘉道之际大疫和疫死率最高的瘟疫"⑤。仅宁国一地，"死于瘟疫者十之七"⑥。

上述历史事实要素的存在，即太平天国农民战争造成的人口变动和逐疫需求，使第三种民间传说的历史性和信实性都大大增强。因此，从这个层面来看，判断皖南圩区"马灯"兴起于太平天国农民战争之后，便具有了极大的信实性。

---

① 刘镇铄：《同治三年皖南肃清上曾滌生相国议善后条陈》，载余谊密主修，徐乃昌纂修：民国《南陵县志》卷四十一《艺文》，江苏古籍出版社1998年版，第638页。

② 余新忠：《咸同之际江南瘟疫探略——兼论战争与瘟疫的关系》，《近代史研究》2002年第5期，第86页。

③ 杨虎等修，李丙麟纂：民国《宁国县志》卷十四《杂志·灾异》，江苏古籍出版社1998年版，第323页。

④ 曾国藩：《请简亲信大臣会办军务片》，载《曾国藩全集》，岳麓书社1994年版，第2606页。

⑤ 余新忠：《咸同之际江南瘟疫探略——兼论战争与瘟疫的关系》，《近代史研究》2002年第5期，第99页。

⑥ 杨虎等修，李丙麟纂：民国《宁国县志》卷十四《杂志·灾异》，江苏古籍出版社1998年版，第323页。

二、兴起的可能性和合理性

太平天国农民战争对皖南地区的影响是全方位的、深远的，包括社会的和民俗的。太平天国时期，战争和瘟疫造成皖南地区人口锐减，战后为了恢复和重建，清政府采用移民垦殖的政策。“大量移民的迁入，不仅为皖南地区提供了急需的劳动力，促进了当地荒地的垦辟和经济的恢复及生产经验、技术的交流，而且还在很大程度上奠定了近现代皖南地区的文化格局，使得当地在艺术、饮食、方言和风俗习尚等诸多方面，均打上了移民文化的烙印。”[①]这一点在皖南圩区“马灯”文化特征上有所体现。

除了大量移民，清政府和地方士绅在恢复社会秩序方面，还特别重视重塑封建教化。刘镇钘在善后条陈中提出“礼貌真士”的建议，声称：“皖南素称文物之邦，自经变乱，礼义廉耻扫地以尽，今宜大振其风，使之鼓舞向化，书云彰善瘅恶树之风声，所谓赏一人而天下劝者，其机盖如此也。饬各州县局长访求品学兼优真士，具文申报，总以孝廉二字为定考，道府州县官吏复查确实，务共加意隆重庶几，风化一方。”[②]为了维护封建统治，清政府做了大量的忠孝廉义教化措施。“太平天国战后，对亡者的调查、表彰和纪念活动持续了很长时间。清朝统治者通过立碑、刊木、刻石、修建祠堂等形式表彰‘忠义’死难之士和贞洁死难妇女，重新强调了正统价值观，也重申了忠于朝廷及其准则的义务。”[③]

“忠义”教化，为皖南圩区“马灯”的兴起和盛行提供了可能性。皖南圩区“马灯”以古代传奇英雄人物为“神角”，更以“关公”为主神，而“关公”又是忠义的化身和象征。其表演内容，“穆桂英挂帅”“五朝

---

① 葛庆华：《太平天国战后皖南地区的移民活动》，《中国历史地理论丛》2002年第2辑，第96页。

② 刘镇钘：《同治三年皖南肃清上曾滌生相国议善后条陈》，载余谊密主修，徐乃昌纂修：民国《南陵县志》卷四十一《艺文》，江苏古籍出版社1998年版，第637—638页。

③ 柳冬妩：《江山幽处客重经》，花城出版社2018年版，第283页。

门”等均表达了忠义思想。可见，皖南圩区“马灯”的民俗教化，符合该时期清政府的思想统治需要，为它的兴起和盛行赢得了政治空间。

另外，从民俗衍化的角度来看，皖南圩区“马灯”盛行于太平天国农民战争之后，具有一定的合理性。首先，根据竹马文化形态演变的一般规律，明清时期，竹马文化形态走向多元化和地方化，同时也是各种竹马文化形态日趋成熟的重要时期。其次，咸同之际，皖南盛行花灯，使竹马文化形态与花灯进一步融合，为皖南圩区“马灯”的兴起创造了条件。据地方志记载，咸丰初年，皖南“民间多设花灯”①。正是在这一时期，郎溪定埠胥河沿岸“出现群众自发组建的‘马灯会’和有固定表演人员的马灯班子，异常活跃”②。再次，根据民间传说，许多新的民俗形式的创造，均与太平天国农民战争有关。如流行于江西永新南乡一带的盾牌舞，相传由流散到永新的太平军军士为了抵抗镇压而坚持军事演练，“其中的藤牌操被尚武的永新南乡人学成，经过多年的发展，逐渐演变成今天的盾牌舞”③。又如流行于浙江龙游一带的麒麟舞，是在太平天国农民战争之后酿成瘟疫，当地道士为了消灾驱邪，借一位农民挖出“麒麟”形状泥块之机，“仿悬挂的画中教主坐骑，刻了一个‘麒麟’头，并制作了麟衣”④，创造出具有宗教意识的民间灯舞。

皖南圩区“马灯”的兴起，也符合我国民俗发展的历史趋势和一般规律。晚清时期是我国风俗史上一个承先启后的过渡期，介于中古和现代之间，是旧俗与新风并存和杂糅的时期。一方面是“西俗东渐”潮流中形成的新的社会风俗，另一方面是古老的传统习俗不得不改头换面寻得生存空隙。故而晚清时期是我国风俗大发展的一段历史时期，许多新

---

① 杨虎等修，李丙麟纂：民国《宁国县志》卷十四《杂志·灾异》，江苏古籍出版社1998年版，第322页。

②《中华舞蹈志》编辑委员会编：《中华舞蹈志·安徽卷》，学林出版社2014年版，第136页。

③ 左文才：《永新盾牌舞》，《民俗研究》2000年第1期，第177页。

④《中华舞蹈志》编辑委员会编：《中华舞蹈志·浙江卷》，学林出版社2014年版，第74页。

的风俗事象被创造出来。而且这一时期民族风俗内部融合的进程也在加快，形成中外、新旧社会风俗杂糅的现象，这和皖南圩区“马灯”杂糅的特征不谋而合。

小　结

皖南圩区“马灯”是我国古代竹马文化形态演变的结果之一。一般认为，我国古代竹马文化产生于北方，初为简单的儿童竹马游戏，后来被赋予竹马之好的情感内涵。至唐宋时期开始演变，不断吸收社火、戏曲等文化因素，逐渐分化为“竹马舞”“竹马戏”“竹马灯”等诸多形式，并成为江南地区元宵灯会中的压轴节目。明清以来，竹马文化进一步地方化，通过融合皖南地区的傩仪、字舞等风俗内容，最终形成独具地域特色的“马灯”文化形态。

皖南圩区“马灯”兴起且盛行于太平天国农民战争之后。根据民间传说，太平天国农民战争之后，皖南地区尸骸狼藉，无人掩埋，酿成瘟疫，为了驱逐瘟疫，流散隐匿于乡间的太平军军士将“马灯”传授给当地百姓。这则民间传说具有明确的历史事实要素，信实性较强。而且，战后较大规模的移民活动，以及封建教化的重塑和社会秩序的恢复，为皖南圩区“马灯”提供了生存土壤，其盛行也符合我国民俗文化发展的历史趋势和竹马文化形态演变的一般规律。

正因如此，皖南圩区“马灯”形成了杂糅与共生的基本特征。它不但保留了竹马文化的基本形态，还融入了民间舞蹈的基本属性、皖南傩的基本特征、花灯的基本形态、地方戏曲元素和其他地方民俗因子，促进了皖南圩区“马灯”的个性生成。基于此，对皖南圩区“马灯”的民俗定性，要综合多个面向，概而言之，它就是一种兼具傩与花灯性质的皖南圩区春节民俗形式。

第二章　民俗文化的杂糅与共生

皖南圩区“马灯”的兴灯过程和主要内容，是目前学界关注和考察的重点对象，多位学者对此做了不同个案的研究，基本呈现了皖南圩区“马灯”的兴灯过程及其丰富内容。但是，由于“马灯”本身的地方性和异变性，要想系统且全面地呈现皖南圩区“马灯”的兴灯过程和主要内容，还需要做更多的个案考察和研究。笔者长期关注芜湖市南陵县许镇镇黄墓、东塘、太丰一带的“马灯”，积累了不少田野资料。这里拟结合学界现有个案研究成果，对皖南圩区“马灯”的兴灯过程和主要内容做一较为系统地梳理和阐述。

第一节　兴灯仪式与过程

皖南圩区“马灯”有一套完整的“兴灯”仪式和过程。根据地方志记载，皖南圩区城乡素有玩灯习俗，“圩区多玩‘龙灯’‘马灯’‘罗汉灯’；山区多玩‘龙灯’；集镇多玩‘滚龙’‘狮舞’‘旱地行舟’‘车上轿’‘蚌壳舞’，也有玩‘花灯’，灯前伴有玩云和花桃等舞蹈”[①]。时至今日，“马灯”凭借对人员数量和身体素质要求相对较低，在皖南圩区成了最为流行的灯种，许多村落将祖传的玩“龙灯”“罗汉灯”改为玩“马灯”。在长期以“龙灯”“马灯”“罗汉灯”为主要构成的玩灯活动中，皖南圩区人民创造出一套独具特色的“兴灯”仪式和过程，并且通行于不

①繁昌县地方志编纂委员会编：《繁昌县志》，南京大学出版社1993年版，第385页。

同灯种之间。按照先后顺序，主要包括“兴灯”“出灯”和“圆灯”三个环节，从傩俗的角度来看，分别对应着“请神”“游神”和“送神”。

一、“兴灯”

“兴灯”是皖南圩区“马灯”民俗活动的开始。一般在农历腊月或正月[①]，由对兴灯感兴趣的本村[②]青年男子，经过集体商议，有组织地完成一系列的“兴灯”仪式。从“兴灯”到“出灯”，主要经过“掺佐”“圆场”“开光”等环节。

（一）“掺佐”

“掺佐”[③]又称“五猖佐”，是兴灯的起点。其不仅仅是本村兴灯的信号，更是迎接“灯神”的仪式。

“掺佐”仪式进行之前需要准备一些祭祀用的物品，如锣鼓[④]、鞭炮、麻雀或公鸡、写着“供奉敕封玉泉山得道马明大王位”字样的红纸牌位、五双筷子和五个酒杯[⑤]。此外还需要一根留有根系和尾叶的青竹，按照惯例，这根青竹须是“偷”来的[⑥]。一般由有意兴灯者事先计划或物色，并跟主家打好招呼，夜间前往“偷取”。“偷”时先燃放鞭炮，再将青竹连根拔起。若是事前未与主家协商，此时主家也是不会阻止的。因为有一种迷信的说法，主家阻止的话，会招来噩运。

---

① 无论是在农历腊月兴灯，还是在农历正月兴灯，兴的都是下一年的灯，只是间隔时间长短不同。造成这种现象的原因在于，大多兴灯是临时起意，具有一定的偶然性。但根据习俗，兴灯时间一般在农历腊月或正月，这是必然性。

② 指自然村，下同。皖南圩区兴灯的村落，大多是一姓一宗族一祠堂。

③ 方言音译，下同。

④ 一般指前场锣鼓，包括小锣、小鼓、钹、镲，正式演出时还要加入唢呐。前场锣鼓的特点是小巧，便于携带。

⑤ 村民因此也称“掺佐”为“五双佐”，可能是“五猖佐”的谐音。

⑥ 此俗可能源自“摸秋”。据史料记载，“鸠兹（芜湖）俗，女伴秋夜出游，各于瓜田摘瓜归，为宜男兆，名曰摸秋”。载（清）梁绍壬：《两般秋雨庵随笔》上册卷四，许慕羲标点，大达图书供应社1934年版，第150页。

“掺佐”仪式一般在本村土地庙进行。通常在下午或晚上，由本村兴灯者（几位青年男子）携带祭祀物品，前往本村土地庙迎接“灯神”。先是将青竹栽种于土地庙东侧，将“马明大王”牌位绑于青竹底部，“下面用竹簟围一个圈，再烧三张黄表纸通疏神灵”[①]，再杀麻雀或公鸡沥血祭神，并下跪祷告：“我村今年敬神兴灯，恭请菩萨显灵保佑风调雨顺，国泰民安。”[②]然后燃放鞭炮，敲锣打鼓回村。

图2-1 栽种的青竹为“掺佐”的象征

回村后，由兴灯者拜请族长或德高望重者，出面主持组建灯班，负责筹划和实施一切兴灯事宜。组建灯班的形式，有称作“马灯会”的，宣城北乡一带则称之为“故事灯会”，分为天、地故事班，天故事班由装扮关羽、周仓、关平、魁星财神、和合二仙者组成，地故事班由装扮“刘、关、张”“岳家将”“杨家将”等历史故事人物者和装扮手持令旗的徒步士卒者组成[③]。

① 谈正衡：《回味：童谣思故乡》，东方出版中心2016年版，第244页。

② 鲁安娜：《皖芜湖白马山“马灯”田野考察》，载麻国钧等主编：《祭礼·傩俗与民间戏剧——’98亚洲民间戏剧民俗艺术观摩与学术研讨会论文集》，中国戏剧出版社1999年版，第434页。

③ 安徽省宣州市地方志编纂委员会编：《宣城县志》，方志出版社1996年版，第633页。

关于“掺佐”的概念，目前尚无文字资料查证，一般根据方言音译而成，故而有所出入。郭小刚在《皖南圩区“马灯”概说》一文中将其音译成“参佐”[①]，因作者未作解释，不知此音译其中缘由。笔者曾在《皖南圩区春节兴灯仪式与社会变迁》一文中音译作“掺佐”，“掺”同“搀”，在方言中有扶起之意，因为根据当地村民解释，通常将青竹喻为“佐”，“掺佐”也指栽种青竹的行为[②]；“掺”又同“参”，古鼓曲名[③]，也指击鼓三次。笔者又曾根据“掺佐”也祭祀五猖，试图将其音译作“猖祚”或“猖酢”，但又觉得不妥，因为“掺佐”主旨是祭祀和迎接“灯神”，而并非五猖神，最终作罢。

“掺佐”作为兴灯的标志，其仪式应该是源自目连戏演出习俗[④]。虽然在“掺佐”概念上无法明确，但可以肯定其与目连戏有着十分密切的渊源关系。目连戏原在南陵许镇奎湖、东塘、太丰一带颇为流行，“除太平天国后期南陵战乱，目连戏中断演出数年外，持续未绝”[⑤]，而这些地区正是皖南圩区“马灯”流行之地。南陵目连戏主要为做会还愿、酬神谢鬼而演出，其中杂以多种请神驱邪仪式。如在目连班社演出之前，“请演目连戏的人家或地方必先设神台‘搀佐’（禅俎?），内供五猖”[⑥]。神台通常设在舞台正前方约八十米处，用芦苇围成宝塔形状，下圆上尖，“中间立一标杆，杆长一丈五六尺，以不超过台柱为限。标杆选用活竹，

① 郭小刚：《皖南圩区“马灯”概说》，《中国音乐》2003年第1期，第103页。

② 崔龙健：《皖南圩区春节兴灯仪式与社会变迁》，《安庆师范学院学报》（社会科学版）2013年第2期，第99页。

③ 古鼓曲名《渔阳掺挝》，东汉祢衡所作。详见张忠纲主编：《全唐诗大辞典》，语文出版社2000年版，第912页。

④ 姚远牧：《南陵目连戏综述》，载中国艺术研究院戏曲研究所、安徽省艺术研究所、安徽省祁门县人民政府编：《目连戏研究文集》，1988年编印，第219页。

⑤ 姚远牧：《南陵目连戏综述》，载中国艺术研究院戏曲研究所、安徽省艺术研究所、安徽省祁门县人民政府编：《目连戏研究文集》，1988年编印，第214页。

⑥ 姚远牧：《南陵目连戏综述》，载中国艺术研究院戏曲研究所、安徽省艺术研究所、安徽省祁门县人民政府编：《目连戏研究文集》，1988年编印，第217页。

上留竹梢枝叶，顶端绑扎纸钱”[①]。神台内供奉五猖牌位，牌位前各摆放碗和酒杯。“搀佐”时，先烧五炷香，再盛清茶和酒，“尔后由当地头寿人（最高龄人）和班社主叩头，杀公鸡祭牲。往神牌上沥血，然后将碗杯反叩，再将鸡毛蘸血洒在里面，要点一盏香油灯，用一只团蓝反扣住”[②]。从南陵目连戏“搀佐”过程看，一些基本做法为皖南圩区“马灯”“掺佐”所沿袭。

（二）“圆场”

“圆场”[③]又被称为“较灯”，专指场地表演技艺训练及其过程。通常在寒冬腊月大中小学校放假以后，以及外出务工人员回村过年期间，聘请“马灯师傅”挑选本村青少年男子组成“马灯队”，根据各人形体，分别安排妆扮不同的“神角”[④]，并进行基本动作和套路的传授与训练。

“圆场”须后场锣鼓予以伴奏。后场锣鼓包括大锣、大鼓和铙，“以基本节奏为基础，在气氛需要时加以速度和力度变化”[⑤]。因此，在“圆场”过程中，“马灯师傅”不仅要调教后场锣鼓，还要注意训练“马灯”队员对伴奏音乐的踩点，使其技术动作与伴奏音乐高度吻合。

---

① 姚远牧：《南陵目连戏综述》，载中国艺术研究院戏曲研究所、安徽省艺术研究所、安徽省祁门县人民政府编：《目连戏研究文集》，1988年编印，第219页。

② 姚远牧：《南陵目连戏综述》，载中国艺术研究院戏曲研究所、安徽省艺术研究所、安徽省祁门县人民政府编：《目连戏研究文集》，1988年编印，第219页。

③ “圆场”一词应源自戏曲，原指演员在舞台上按特定的圆形路线绕行，其速度一般由慢到快。

④ 通常挑选两位青少年男子交替妆扮同一个“神角”，但在“圆场”时不做区分，按照所妆扮“神角”先后顺序一起训练。

⑤ 郭小刚：《皖南圩区“马灯”概说》，《中国音乐》2003年第1期，第105页。

图2-2 “圆场”练习中

“圆场”效果直接关系到场地表演质量和本村声誉，备受重视。受训练的“马灯”队员是场地表演的参演人员，在“圆场”中需要记忆套路、熟练步法、学会踩点和如何与同伴配合，除此之外，还需要领会所妆扮“神角”的性格，尽量做到神形兼备。这些都是衡量场地表演好坏的标准。但是，“圆场”往往会受到多种因素的影响，达不到理想的效果，比如因大中小学生放假和外出务工人员回村时间，或临时起意造成的兴灯时间，均离春节太近，严重缩短了训练时间；又如青少年身体素质趋于下降，使得训练质量达不到要求，甚至造成技艺表演严重走形。如果“圆场”效果不佳，场地表演的质量就会下滑，观众对表演的评价就不会高，最终会使本村声誉受损。

（三）“开光”

“开光”[①]是“出灯”之前的最后一道程序，一般在大年三十晚上即除夕之夜进行。该程序内容较为丰富，包括设立灯堂、“上马”、“圆水”、

① 根据田野调查获取的信息，笔者曾在《皖南圩区春节兴灯仪式与社会变迁》〔《安庆师范学院学报》（社会科学版）2013年第2期，第100页〕一文中音译作“开关”，实有不妥，音译作“开光”更为妥当，因为从具体内容来看，皖南圩区“马灯”的“开光”应源自道教特定的“开光”仪式。

“绕灶”和“正式彩排”等项内容。

1.设立灯堂

“开光”仪式之前首先要设立灯堂[①]。“马灯”堂分为内、外两坛。一般聘请道士作法，并在道士的指导下完成“马灯”堂的布置。

内坛设在灯堂堂屋正厅。其正中上方悬挂一八卦图，并用八仙桌垒成坛座，分上、中、下三坛。上坛供奉马明大王牌位。中坛分为两层，上层供奉三界伏魔关圣协天大帝、送子观音和地藏王牌位；下层供奉上清正乙龙虎玄坛赵元帅、九天应元雷声普化天尊、九天雷祖除灾济物天尊、家堂香火门神灶神和阳元十三道四府享祀尊神牌位。下坛供奉和合神部下崔刚等五福财神牌位，并在正中位置张贴“关公”画像。地上则摆放五只“兵碗”和一盏佛灯。又在牌位前供奉糕、米、鸡蛋等祭祀物品[②]。内坛并贴有两副对联：外联上书“关云长秉烛达旦，保皇嫂甘糜夫人”，内联书写“刘关张桃园结义，杨家将宋朝忠良”，横批为“神光普照”。

外坛设在灯堂大门外。同样张贴两副对联：外联为“马演前朝精忠大义，灯庆后日国泰民安”，内联为“灯火辉煌百业发达，雄兵猛将六畜兴旺”，横批为“送子马灯”[③]。这些对联虽显得有些许粗糙，“却反映当地民众对关羽的精忠大义和岳家将等英勇抗击外侮的崇拜，以及对国泰民安、太平盛世、百业俱兴、人丁兴旺的企盼”[④]。

“马灯”堂布置完毕，由“香灯笼”[⑤]带领“神角”、前场锣鼓和灯班

---

① 灯堂以往设在“香火堂”内，但由于很多村落的“香火堂”已遭废弃或改建他用，现在一般选设在附近无人居住或光棍居住的房屋，以为便利。

② 内坛除了上、中、下三坛，有些村子还会在内坛左、右后方分别摆放两张八仙桌，供奉观音菩萨等佛教神祇金色塑像。

③ 鲁安娜：《皖芜湖白马山“马灯”田野考察》，载麻国钧等主编：《祭礼·傩俗与民间戏剧——’98亚洲民间戏剧民俗艺术观摩与学术研讨会论文集》，中国戏剧出版社1999年版，第435页。“马灯”堂内外坛对联并无一般格式，主要由道士书写，故而不同区域、不同道士制作的对联在内容上有所差异，但反映的主题基本一致。

④ 曲六乙、钱茀：《东方傩文化概论》，山西教育出版社2006年版，第143页。

⑤ 提“香灯笼”者一般为本村族长、德高望重者或领头人。

主要成员等，前往本村土地庙请回“马明大王”牌位，将其供奉于“马灯”堂内。

图2-3　布置“马灯堂”

2.“上马”

“上马”[①]，实际上是一个请神下凡附体的过程，包括“扮马”“请神”“点光”“掩光”“发檄”等内容。经过这一系列仪式和过程，所有装扮的“马灯”队员便被神化了，此时才被称作“神角”或“神家”。

(1)“扮马”

即装扮。“马灯”队参与场地表演的队员，在吃过年夜饭之后，便焚香沐浴，然后集中化妆[②]，正式着装[③]，按所扮演“神角”名位关系列队。皖南圩区“马灯”的“神角”数量不定，视本村青少年男子人数多少而

① 皖南圩区“马灯”中的“神角”，通常被称为“一匹马”，故名。

② 通常由“马灯师傅”按照戏曲脸谱化妆，也有专门聘请化妆师化妆的。

③ 所着服装为“马灯”定制戏服，即对京剧戏服加以改造，使其裙裾前短后长，正好遮住绑在腰间由竹篾扎成的马身和马尾，马头部分由布蒙竹篾扎成（马头一般为白布，只有“关公”是红布），同样拴在腰间。除此之外，各马须手持竹根编成的马鞭和与角色相应的兵器道具。武将还须头戴翎子，背绑靠旗。全员穿彩裤，脚踝处绑铃铛。

定，但以单数为主，一般有17匹马、19匹马、21匹马和23匹马之分[①]。按较多数排序（从前往后）：太保（报马，持令旗）—程敬思[②]—李晋王[③]—杨再兴—杨六郎—杨宗保—穆桂英—岳飞—韩世忠—梁红玉—吕布—貂蝉—薛仁贵—薛丁山—樊梨花—赵子龙—周瑜—姜维—孔明—黄忠—张飞—刘备—关羽（即“关公”）。[④]此外，在太保之前有“元宝童

① “神马”数量一般为单数，笔者目前所见最多为23匹马，但《芜湖县志》记载多达37匹马，分别是“太宝（误，应为太保）、陈军师（误，应为程敬思）、李进皇（误，应为李晋王）、杨宗保、穆桂英、杨六郎、杨令婆、韩信、萧何、杨再兴、岳飞、薛应龙、薛丁山、樊梨花、程咬金、徐茂公、罗成、秦叔宝、李元霸、裴元庆、周瑜、鲁肃、姜维、孔明、貂蝉、吕布、黄忠、马超、赵云、张飞、刘备、关羽、甘夫人、糜夫人、甲车夫、乙车夫”。详见芜湖县地方志编纂委员会编：《芜湖县志》，社会科学文献出版社1993年版，第690页。

② 学者考察“神角”时，常将第一匹马误作“程敬思”，且对人物名称和原型含糊不清，大抵是民间以讹传讹的缘故，如郭小刚在《皖南圩区“马灯”概说》一文中音译作“陈进上”，鲁安娜在《皖芜湖白马山“马灯”田野考察》一文中音译作“陈经师（玉皇大帝的传令官）”，笔者也曾误作“陈军师”和“程进士”。但实际上，第一匹马为报马（太保），第二匹马为“程敬思”。笔者之所以如此确定，有两点依据：一是服装，“程敬思”的“马灯”服装看上去较为特殊，像是绿色文官戏服，并不常见，实为绿蟒戏服，头戴方翅纱帽，与京剧《沙陀国》中程敬思的行头一致；二是人物关系，前三匹马应为太保、程敬思和李晋王，其故事情节源自《残唐五代史演义》。

③ 由于学界对前三匹马的人物及其关系理解出现偏差，故有将“李晋王”误作“李靖王”的，也有音译作“李敬王”的，均不准确。

④ 在皖南圩区，“马灯”的“神角”人物选取和排序并不一致，不同地方略有差异。如鲁安娜所考察芜湖白马山一带位次为：陈经师（玉皇大帝的传令官，误，应为程敬思）—刘皇叔（即刘备）—李靖王（误，应为李晋王）—夏侯渊—张飞—薛丁山—赵子龙—周瑜—孔明—黄忠—杨六郎—杨宗保—杨再兴—岳飞—穆桂英—樊梨花—甘糜二夫人—关羽。（详见鲁安娜：《皖芜湖白马山“马灯”田野考察》，载麻国钧等主编：《祭礼·傩俗与民间戏剧——’98亚洲民间戏剧民俗艺术观摩与学术研讨会论文集》，中国戏剧出版社1999年版，第436页）另外，宣城一带“马灯”以“黑无常”为头马，或“黑无常”在“太保”之前，或直接以“黑无常”取代“太保”；芜湖白象村、烟塘陶村“马灯”则在“刘备”后配备一名“内仕”，举着“黄罗盖伞”，但该“内仕”无特定妆扮。

子”[1]和“模云童子”[2]。另刘备和关羽之间还有“叉姑娘”[3]、丑角[4]和马童[5]，但这些角色不在“神角”之列。

（2）“请神”

所有装扮的“马灯”队员在“马灯”堂前摆龙门阵，即按照位次单双号列成两个纵队，两个队列“马头”相对，“关公”居中[6]，面朝灯堂[7]。然后由穿着法衣，手持法铃、宝剑和“五雷号令”令牌的道士开坛诵经，所念经文包括《开坛诵宝经》《香烟赞》等。然后请神，“各天尊、上帝、帝后、元君、星君、高真、威灵、圣帝、夫人至龙王黄帝、圣贤明神、本坛神主及太岁土地灶神一一请到”[8]。请神之后即为“点光”，道士一边诵经，一边烧火纸、洒圣水、画咒符，然后撕开公鸡鸡冠，用笔沾鸡血，为神坛牌位、“神家”、马头、道具、灯笼、旗子和锣鼓等一一“点光”。“点光”之后要“掩光”，由道士诵掩光词，手拿火纸在“点光”之物上画符，不让灵光丧失。

（3）“发檄”

在锣鼓声中，由道士手持宝剑和“五雷号令”令牌，当众宣读檄文：“嗟矣！面向天罡，发扬正气。手挥斗诀，身上雷坛。宝香焚于炉中，瑞气高腾于墙外。飞百炼罡风，入我剑斗炳。浊液泓明，玉液清澄。击掌则雷霆戒严，天地运动，山川鼎沸；呼吸则雷霆烟生；法演则鬼哭神愁。

---

① 二人，即招财、进宝。

② 八人，又称“八家云”，所穿服饰颜色分别为红色、黄色、绿色、蓝色，也有粉色、蓝色、绿色、红色的。

③ 二人，也称“车姑娘”“皇嫂”，即甘糜二夫人。

④ 二人，也称“大国舅”“二国舅”，即车夫。

⑤ 一人。

⑥ 也有“刘关张”三人居中的，或“关公”居中，马童在其侧。

⑦ 在“出灯”过程中，进村祭拜或“披红”“上烛”时均采用此队列。

⑧ 鲁安娜：《皖芜湖白马山“马灯”田野考察》，载麻国钧等主编：《祭礼·傩俗与民间戏剧——’98亚洲民间戏剧民俗艺术观摩与学术研讨会论文集》，中国戏剧出版社1999年版，第436页。

令下！”[①]檄文读罢，道士便口念咒语，脚踩九子罡，画符、烧火纸、洒圣水，并向神坛作揖。

紧接着“召将科”。除召天师将、马元帅、岳元帅、殷元帅、和合将，还有“总召将”。然后三献茶酒，请将镇坛。

之后宣读疏文：“自求多福，雷霆都司，本司令处……居住，信士保安弟子……（全村户主名及‘马灯’队员名字）稽领合村有名人等，吉日上千捐资兴灯敬神。祈求众神庇护本村之内四季平安、人财两旺。祈保家家吉庆，户户安康，老者延寿，少者遐龄；田禾茂盛，五谷丰登，牛猪长旺，六畜兴隆……”[②]疏文读毕，杀公鸡沥血犒神。

随后向所有“上马”“神角”发放“飞天甲马”[③]，将其绑于腿上，或折后塞在脚底。然后由“马灯师傅”挥动令旗，所有“神角”按先后顺序绕“∞”（方言作“绕剪子角”，剪除秽气之意）进“马灯”堂，一一向神坛作揖或敬香。至此，所有“上马”队员完成人向神的转变。

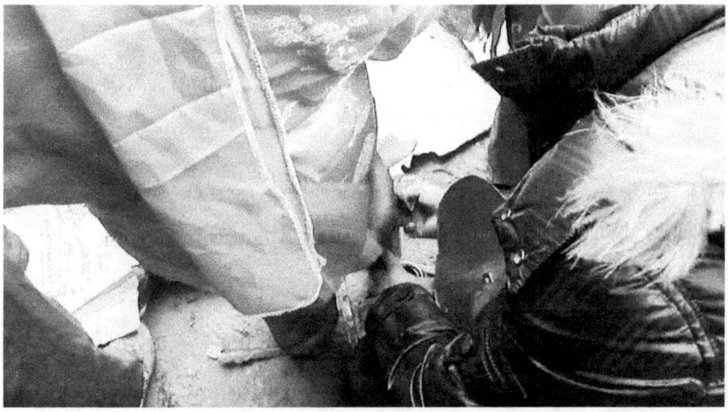

图2-4 将“飞天甲马”折后塞于脚底

① 鲁安娜：《皖芜湖白马山“马灯”田野考察》，载麻国钧等主编：《祭礼·傩俗与民间戏剧——'98亚洲民间戏剧民俗艺术观摩与学术研讨会论文集》，中国戏剧出版社1999年版，第436页。

② 鲁安娜：《皖芜湖白马山“马灯”田野考察》，载麻国钧等主编：《祭礼·傩俗与民间戏剧——'98亚洲民间戏剧民俗艺术观摩与学术研讨会论文集》，中国戏剧出版社1999年版，第437页。

③ “飞天甲马”是一种印有“飞天”画像的版画。

3."圆水"

"圆水"(方言音译)在"开光"之后进行。全体成员在前场锣鼓的伴奏下,按照"出灯"顺序,即"香灯笼"—"门灯笼"—龙旗—前场锣鼓—"元宝童子"—"模云童子"—"马灯师傅"—"神角"和"旗棍子"①—叉姑娘甲—丑角甲—叉姑娘乙—丑角乙—马童—"关公"②—后场锣鼓,由"香灯笼"带领,从东向西,围绕本村范围走一圈,此为"圆水",有请神庇佑本村之意。

4."绕灶"

"圆水"之后逐门逐户"绕灶"(方言音译)。"绕灶"颇为讲究,须接灯户事先做一些准备。首先将一张八仙桌摆在堂屋正厅,作为供桌,且按桌面纹路横放;其次摆放一些供品,如两支点燃的红烛、四个"欢喜团"(炒米和麦芽糖所制,现多以苹果代替)、"茶叶米"(用饭碗盛米,上面撒些许茶叶)、一对万字糕和"红纸包"等,以及两小挂鞭炮。

"绕灶"前,由接灯户(通常是男性户主)燃放鞭炮迎请入户。"香灯笼"和记账人员先入,取走一条万字糕和红包,并入账造册。之后所有"上马"人员按顺序逆时针绕供桌一圈,并在供桌东侧绕一个"剪子角",由主神"关公"殿后,绕到供桌后方,双手合十作揖,然后抓一些"茶叶米"撒在供桌上,并反扣盛"茶叶米"的碗,最后拖一下供桌③,方才离开。此时接灯户燃放鞭炮送神。也有在供桌上摆放"糖开水"的习俗,只是须在盛"糖开水"的杯子底下另放一"红纸包",这是专门敬奉给主神"关公"的,通常"关公"作揖后便喝掉"糖开水",并取走"红纸包"。

整个"绕灶"过程,都由前场锣鼓伴奏《神调》等祭祀音乐,但伴

---

①"一匹马"跟随一名"旗棍子",实际上是轮流"扮马"的两名队员,不"扮马"的队员则打着"旗棍子"。

②"马灯"以"关公"为主神,称为"大菩萨",在队伍中殿后。

③据当地人解释,此举意为向户主打招呼,神要走了。据田野考察,有的为了减轻"关公"工作量,会安排专人辅助,由此辅助人员完成反扣盛"茶叶米"的碗及拖一下供桌。

奏者和其他非“上马”人员一般不入户。

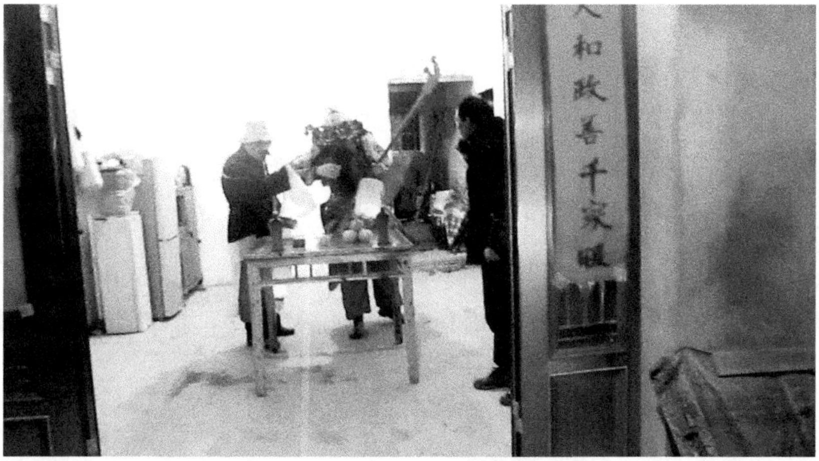

图2–5　“绕灶”

5.“正式彩排”

全村“绕灶”完毕，所有人员回到“香火堂前”，或去一场地较大的稻场，进行“出灯”前的最后一次演练，即正式演出前的“彩排”。由于已经化装“上马”，也可当作第一次正式演出。表演结束后，再回到“马灯堂”祭拜“灯神”，卸下“飞天甲马”，才能回家卸装。①

二、“出灯”

所谓“出灯”，就是有组织地到村外去表演。从傩俗的角度看，可以理解作“游神”。一般在天气条件允许的状况下，选择在大年初一或初二开始“出灯”②。为了能够顺利“出灯”，灯班须提前进行谋划和准备，如各种人员安排③，制定“出灯”路线，观察天气状况，等等。除此之外，“出灯”环节也有较为丰富的仪式程序和内容，简述如下：

① 由于此时已经“开光”，且已经“上马”，“马灯”队员已经完成人向神的转换，按照旧俗，回家时须由家人燃放鞭炮迎接，次日重新着装出门时，也要燃放鞭炮送行。

② 有的村子选择在大年初一开始“出灯”，有的村子选择在大年初二开始“出灯”，留出一天时间给村民拜年。但据笔者田野观察，“马灯”大多在大年初一开始“出灯”。

③ 包括“出灯”人员安排和留守人员安排。

（1）“打邀锣”

“打邀锣”是集合人员的一种乡土方式。每日“出灯”前，安排专门人员，在灯班议定的时间点[①]，沿着村内道路，敲打“邀锣”。敲打的方式是，连续敲击两下，一声长一声短。所有“出灯”人员在听到“邀锣”声后，便要起床洗漱准备，然后前往“马灯堂”或“香火堂前”集合。当天“上马”人员集中到化妆点化妆。

待化妆完毕，所有“出灯”人员按照“发檄”程序，在“马灯堂”重新请神“上马”。然后在村内指定稻场进行一次“出灯”前的完整演出，表演毕即“出灯”。

（2）“打草头”

“出灯”时，由专人在离村路口燃烧放有“飞天甲马”的蒿草，所有“出灯”人员从上面跨过去，此举在方言中叫作“打草头”，意为辟邪。

图2-6　“打草头”辟邪

（3）“传灯”

“出灯”前，安排专人“传灯”，即由报子[②]提前去既定“出灯”路线上的村子报信。报子一般打着旗子，前往该村“香火堂前”贴符、刷报子、燃放鞭炮，“报子为16开红纸，上写‘送子神灯今日到

① “马灯”等需要化妆的灯种，一般“打邀锣”的时间较早，常常在天亮以前。

② 应该源自传统戏曲角色，即专司情报的人物，一般右手执“报字旗”。

府。××村’”[①]。

（4）“引灯”

一般由“香灯笼”负责“引灯”。离村后，所有人员按照固定顺序排成一字纵队行进。“香灯笼”在前，队伍在后[②]。

另外，“出灯”途中，由前场锣鼓伴奏音乐助兴，“用以消除路途的寂寞和疲劳”[③]。后场锣鼓则以简单的两声鼓一声锣的形式呼应，即“嘟嘟当”。

（5）“接灯”

“接灯”与“出灯”相对，也有特定的仪式程序。“马灯”队行至某村时，该村“香灯笼”便早已在村口等候迎接[④]。先是燃放鞭炮，再是两方“香灯笼”相互作揖，然后由“接灯”方“香灯笼”引领进村。若是两村之间有人情来往历史关系，一方“兴灯”时，另一方会提前下“灯帖”邀请，由“兴灯”方安排好“出灯”路线和时间后回复对方，“接灯”方则准备办“灯酒”。遇上办“灯酒”的村子，进村前由“接灯”方“香灯笼”带领“圆水”。

接着，领至该村“香火堂前”。事先摆好香案和供品，由“接灯”方“香灯笼”从香案上取赠“出灯”方一对万字糕和“红纸包”，“出灯”方则收下登记入账，并退给“接灯”方一条万字糕。同时，所有“上马”人员在香案前排成两个队列，先摆龙门阵，后绕一个“剪子角”离开。假如“接灯”方也在“兴灯”，还须到其“灯堂”祭拜“灯神”。[⑤]

① 鲁安娜：《皖芜湖白马山“马灯”田野考察》，载麻国钧等主编：《祭礼·傩俗与民间戏剧——’98亚洲民间戏剧民俗艺术观摩与学术研讨会论文集》，中国戏剧出版社1999年版，第437页。

② “出灯”途中遇到土地庙或坟墓，要安排专人烧黄纸跪拜。若沿线有散户燃放鞭炮迎接，便以“上马”人员绕“剪子角”作为回应。

③ 郭小刚：《皖南圩区“马灯”概说》，《中国音乐》2003年第1期，第104页。

④ 若是两村有同宗同族等密切关系，“接灯”方会安排前场锣鼓一同迎接。

⑤ 皖南圩区“兴灯”以龙灯、马灯和罗汉灯为主，灯堂有龙灯堂、马灯堂和罗汉灯堂之别，主要是各灯堂供奉的主神不同。

图2-7 “马灯”进村

“接灯”仪式结束后，便领至“香火堂前”或择一场地较大的稻场进行表演。若办有“灯酒”，先吃“灯酒”，后表演。表演结束，由“接灯”方“香灯笼”送至村口。

每日“出灯”结束回村后，还要进行一个完整的演出，才能破妆结束。

三、“圆灯”

“圆灯”是将神请归的仪式程序。与“兴灯”仪式相同，须聘请道士主持完成。

“圆灯”之日，如“出灯”日常。先是“打邀锣”，后是着装集合上妆，然后在本村进行最后的演出。由于现在普遍“兴灯”时间不长，短者两三天，长则七八天，“马灯”队员往往意犹未尽，故而在“圆灯”之日，“马灯师傅”会拿出浑身解数，让大家玩得尽兴。

表演完毕，在全村“收灶”。“收灶”的仪式内容与“绕灶”完全相同。

“收灶”完毕，由道士作法送神。所有“上马”人员进入灯堂，站成两个队列。道士先是请神召将，然后诵读《倾光回驾经》：“臣闻修荐善事，故有迎而有送。倾光回驾毕，以仁始至仁缘。法事皆完，金炉香绕。神尊勿能盼念。遥望天阶一心拜送。倾光回驾天尊。”[①]再读《送驾文疏》及全村户主和“马灯”队员名字。然后三献茶米酒，杀公鸡沥血酬神。

接着，各“神角”捧着灯坛供奉的牌位，由道士摇铃引至土地庙或村外宽敞空地处。在前场锣鼓伴奏下，所有“上马”队员由一字长阵收拢架成圆盘状，称作“乌龙盘锦”。以道士摇铃为信号，各“神角”跳下来卸妆和破妆，然后绕道跑回家[②]。同时，道士作法送神，将牌位和灯笼等“兴灯”之物烧掉[③]，“各咱神仙即驾云烟回府”[④]，本年“兴灯”活动则圆满结束。

图2-8　卸装“圆灯”

① 鲁安娜：《皖芜湖白马山“马灯”田野考察》，载麻国钧等主编：《祭礼·傩俗与民间戏剧——’98亚洲民间戏剧民俗艺术观摩与学术研讨会论文集》，中国戏剧出版社1999年版，第439页。

② 民间有谁先跑回家谁先发财之说。

③ “马灯”戏服和戏曲道具不烧，留作以后再次使用。

④ 鲁安娜：《皖芜湖白马山“马灯”田野考察》，载麻国钧等主编：《祭礼·傩俗与民间戏剧——’98亚洲民间戏剧民俗艺术观摩与学术研讨会论文集》，中国戏剧出版社1999年版，第439页。

第二节　场地表演及其结构

场地表演是皖南圩区“马灯”最为精彩、最具艺术魅力的环节。“马灯”队全员进入指定表演场地后，以两三条长凳将场地分割为表演区域和候场区域①，后场锣鼓手和“关公”“叉姑娘”等坐在长凳上，“关公”居中。其后在后场锣鼓伴奏音乐中，“神角”在“马灯师傅”的带领下，依照固定顺序，从候场区域走向表演区域，逐个表演各种阵式，仿佛将戏曲舞台搬至乡间稻场上，煞为壮观。皖南圩区“马灯”的“行进式，永远是剪刀绞法”，②以列阵、演武和穿花为主要表演形式，并形成“一体两翼”的表演结构，即以“模云”开场，以“穿灯”为主体，以“云长扫堂”结尾，其中“模云”和“云长扫堂”的表演时间较短。

一、“模云”

“模云”是一种“字舞”。一般在表演区域另放两三条长凳，将表演区域再次分割为表演区和候场区。由后场锣鼓伴奏，“模云童子”手举并晃动云牌道具，从候场区踩鼓点上场，先是在几个固定方位绕“剪子角”，大致呈一枝“梅花”状，故又称之为“梅花步”；然后先后进入候场区，但并不停顿；紧接着从候场区出。根据所“模字”笔画，前一位或两位“模云童子”直接跳上长凳，其他“模云童子”站到各自位置，随着“师傅”一声令下，将手中云牌展开，则拼接出一个汉字。随后“模云童子”列队进入候场区，右手举着云牌出场绕长凳一圈，再次进入候场区，重新手举并晃动云牌上场，如此循环，先后拼出“人口平安”“天下太平”等字样。

① 长凳一般放在稻场的东边，使人坐东朝西；也有放在稻场的南边，使人坐南朝北，但不常见。

② 唐锡如：《龙灯马灯》，《申报》1935年3月15日，第16版。

图2-9 “模云”表演

“模云”作为皖南圩区“马灯”场地表演的开场，却并非固定且必要的表演内容和环节。一般是在吃过“灯酒”之后，才安排“模云”表演。如此一来，一整天的“出灯”过程中，合计只有午饭和晚饭后的两场“马灯”表演由“模云”开场，其他场次则无“模云”表演，直接被省去。

二、“穿灯”

“穿灯”[①]是皖南圩区“马灯”场地表演的主体内容和环节。主要以册为单位进行表演[②]，演完一册，“马灯师傅”便带领“神角”进入候场区，待参演“神角”全部进入候场区，便重新上场表演下一册。表演一册耗时三分钟左右。传说“马灯”表演阵式有一百零八册，笔者所采访

① 根据田野调查，这部分表演并无特定称谓，郭小刚在《皖南圩区“马灯”概说》（《中国音乐》2003年第1期，第104页）一文中冠以“穿灯”之名，为了完整呈现皖南圩区“马灯”场地表演的内容和结构，笔者在本书中予以借鉴和沿用。但需要说明的是，“穿灯”这个概念由方言音译生成，其原意指整个玩灯活动，此处沿用无疑大大缩小了“穿灯”概念的外延。

② 通常，一册即一种表演阵式，但也有将几种阵式放在一册中表演的。

的“马灯师傅”中，最多的能熟练掌握三十多册，但现在一般场地表演不到十册，包括“八盏灯”“双破篾”“虾子戏水”“牌坊嘴”“梅花嘴”“四马亲嘴”“八马亲嘴”“十六马亲嘴”等册，其他还有“跑单马”“五马破曹”“五朝门”“乌龙盘锦”“双龙抱珠”“穆桂英挂帅”等册。

大致看，这些表演阵式基本遵循“退一进二，三角交错，四边兼顾，梅花五点”①的规律和原则。最为典型的是“梅花嘴”的阵型及其变化，由简单而复杂。第一种是正方形顶点站位，各四匹马分别站在东南西北角四个方位，在锣鼓伴奏声中或迎面“亲嘴”，或背身“亲嘴”，即拎起马头顿一下。第二种是菱形顶点站位，先是各四匹马分别站在上下左右四个方位，在第一次“亲嘴”后，下和左、右方位各出一匹马加入上方位，各剩三匹马，再一次“亲嘴”后，上方位向其他三个方位各转送一匹马，又形成各四匹马分别站在四个方位“亲嘴”。第三种是以正方形四个顶点和中心点形成五点站位，四个顶点各站两匹马，中心点站八匹马，或“亲嘴”或绕半个“剪子角”后，站在四个顶点朝向中心点的那匹马走向中心点，背向中心点的那匹马走到朝向中心点的位置，其原所在的位置则由中心点走出的马轮换站位。不管“梅花嘴”的阵型如何变化，其最后都是在紧蹙锣鼓声中，形成一个圆圈，并两两绕“剪子角”，直至参演“神角”全部进入候场区。

图2-10　“马灯”表演开始

① 中国民族民间舞蹈集成编辑部编：《中国民族民间舞蹈集成（浙江卷）》，中国舞蹈出版社1990年版，第47页。

场地表演阵式的选取和组合无特定规式，影响因素颇多。据笔者田野调查，“马灯师傅”在“圆场”时往往会传授表演者十多册阵式，但在“出灯”过程中并不会全部拿来表演和展示，于是存在选取和组合表演阵式的问题。在选取和组合表演阵式方面，主要由“马灯师傅”根据熟练程度、场地大小、参演人数、表演时长、表演者体力状况、村落亲疏关系、礼金数量等因素综合考量。如今一般情况下，总的表演时长控制在10分钟以内，可表演3—5册。表演阵式大多选取表演时长较短、参演人数适中、场地覆盖面较广、容错率较高的，如“八盏灯”“双破篾”“牌坊嘴”“梅花嘴”“四马亲嘴”等。

长期的阵式选取和组合，加之师承渊源和地域喜好等因素，便形成不同风格、不同流派。除郎溪定埠“小马灯”和铜陵钟鸣“竹马灯”等自成一派之外，对于芜湖、宣城一带的“马灯”而言，首先从阵式选取和组合来看，主要有两种阵式组合：一种以“亲嘴”系列阵式为主构成，较为普遍和常见；另一种以“跑单马”“五马破曹”为主构成，但并不常见。其次在装扮方面，“马头”大小和“神角”人物上各有差异，如南陵县弋江、三里地区的“马灯”的“马头”较大，且“神角”人物不见程敬思；太丰、东塘、奎湖地区的“马灯”的“马头”则较小，“马头”大小不一带来不同的观感。最后从艺术表现上说，由于“马灯师傅”师承关系和对阵式、人物的理解不同，使得呈现出来的内容和观赏性有明显的差异，有的表演气势磅礴，有的表演潇洒飘逸，有的表演干练简洁，有的表演轻盈柔美，各具风韵。

在最为普遍的以“亲嘴”系列阵式为主的场地表演中，对表演好坏的评价焦点在于“刘备”的表现。表演中，“刘备”应踩着小碎步，姿态轻盈。最为紧要的是，每一册均以“刘备”的圆场步作为结束，这是属于“刘备”最亮眼的时刻。“合着锣鼓节奏走起来，有些艺术细胞的人走得行云流水，细步生风。”①圆场步的要求极高，须踩准鼓点，由慢而快，步子要均匀，双腿不能僵直，上身不能乱晃。鼓声骤停，圆场步刚好走

① 荆毅：《一路走来》，安徽人民出版社2007年版，第65页。

完，同时收起折扇，一册演毕。“刘备”的表现往往是一个缩影，从这一匹马的表现好坏便可以窥见整个“马灯”队的表演水平高低。

三、“云长扫堂”

皖南圩区“马灯”的场地表演一般以“云长扫堂”作为结束[①]。“神角”表演完毕，“马灯”队便在前场锣鼓声中列队离开。此时后场锣鼓变换伴奏音乐，两个丑角推着两位“叉姑娘”上场，分一左一右站位，丑角用手中扇子象征性地给“叉姑娘”扇两下，或相互挑逗，然后“关公”从长凳上站起，一个跃步居中，倒拿青龙偃月刀道具，马童随其后[②]。随意穿插几个“∞”花步后，两位“叉姑娘”和一丑角先行离开[③]。随后后场锣鼓变换紧蹙节奏，“关公”便拖着青龙偃月刀绕场疾跑几周，丑角则在一旁挥舞着扇子假装追赶，口中吹着哨子活跃气氛，同时，马童在稻场中间侧翻跟头。锣鼓骤停时，丑角象征性地抓住“关公”的衣袖或道具，“关公”随即收步。丑角这时要说一些自编的俏皮或祝福的“灯彩”，即“彩语”[④]，如“马灯穿得不合调，看的人倒不少”“五谷丰登，六畜兴旺”之类，若丑角不说话则被称为“哑巴灯”。最后，“关公”同马童、丑角一起绕长凳一圈或几圈后离去，后场锣鼓随其后。

---

① 有将“云长扫堂”放在场地表演过程中间的，但并不常见。

② 人数少的“马灯”队可能没有马童。

③ 有时两个丑角都留下。

④ “彩语”，亦称为讨彩语或讨口彩，在我国传统民俗文化中颇为常见，其中包括灯彩，有“逢灯必有喝彩，无彩不成灯”之说。一般彩语内容丰富，形式多样，无固定格式，以即兴创作为主，用词抑扬顿挫，读之朗朗上口。在浙江淳安一带“跳竹马”活动中，流传有“竹马归屋，多子多福”“竹马上堂，富贵吉祥”“竹马上床，夫唱妇随，恩爱百年长”“竹马落地，早生贵子，状元及第”“竹马上厅堂，祝寿万年长”“马头昂一昂，五谷丰登六畜旺”“马头低一低，恭喜发财抵万金”等彩语。（详见中国民族民间舞蹈集成编辑部编：《中国民族民间舞蹈集成（浙江卷）》，中国舞蹈出版社1990年版，第47页）

图2-11　“云长扫堂”

第三节　禁忌现象及其现代变迁

传统民俗有很多禁忌现象，皖南圩区“马灯”也不例外。从民俗学的角度理解禁忌的内涵，“即对‘神圣的’与‘不洁的’（或‘不祥的’）事物不得接触的禁约”[①]，它是在生产力不发达和认识水平较低的历史阶段逐渐形成并稳定传袭下来的，实质是一种关于人们社会行为禁止和信仰心理自我抑制的双重控制。其主要抓住了人们趋吉避凶的心理，并予以告诫，“违犯禁忌会受到制裁，这以禁忌包含某种致命的危险为前提，而且是一种神秘的危险”[②]，从而达到约束和规范人们行为的目的，为兴灯活动的顺利进行提供便利。从地域风俗的整体视野看，皖南圩区“马灯”禁忌形式多样，大抵包括两大类：一类是共同禁忌，为皖南圩区春节兴灯民俗活动所共有的禁忌形态，也有一些是皖南圩区传统生活禁忌形态的移植，主要体现在仪式和日常生活方面；另一类是特有禁忌，即根据皖南圩区“马灯”的内容和特点形成的独特禁忌形态。但为了便于

① 乌丙安：《民俗学原理》，长春出版社2014年版，第176—177页。

② 万建中：《中国禁忌史》，武汉大学出版社2016年版，第6页。

展示这些禁忌的具体内容，以下仅从仪式禁忌、生活禁忌和演出禁忌三个维度进行简要阐述。

一、仪式禁忌

仪式禁忌是人们驱邪避灾的另一种惯制表达。仪式"经常被功能性地解释为在特定群体或文化中沟通（人与神之间、人与人之间）、过渡（社会类别的、地域的、生命周期的）、强化秩序及整合社会的方式"①，通常具有一定的象征性意义。民俗仪式尤其如此，"就是一个个充满意义的符号世界，是一个用感性手段作为意义符号的象征体系"②。于是，人们为了实现驱邪避灾的心理诉求，便在神鬼与人之间构建起神圣空间和禁例，并通过民俗仪式这种象征体系固定和传袭。

皖南圩区"马灯"仪式禁忌有敬神和忌鬼两个基本面向，大抵源自古代鬼神观念。所谓鬼神，古人早有专论，"人生有气有魄。气者，人之盛也；魄者，鬼之盛也。夫生必死，死必归土，此谓鬼；魂气归天，此谓神"③。鬼神观念起源于先民的祖先崇拜，殷周之际逐步系统化，形成天神、地鬼和地祇三大系统，后来成为普遍的民间信仰。"人们相信地上所发生的一切事情及结果，都是鬼神意志的体现，并且相信通过虔诚的方式祭拜和取悦神灵，就能影响神鬼的意志，从而对自己产生神秘的保佑作用。"④

敬神方面主要有两种仪式禁忌。一是在"请神"至"破妆"期间，"神角"不能开口说话，也不能自己进食。"马灯"队员在"上马"之后，"这些扮了古人角色的演员，是不许说话的，在他们身上都赋予了宗教色

① 郭于华主编：《仪式与社会变迁》，社会科学文献出版社2000年版，第1页。

② 仲富兰：《中国民俗学通论 第3卷 民俗资源论》，复旦大学出版社2015年版，第145页。

③ 陈士柯辑：《孔子家语疏证》卷四《哀公问政篇》，上海书店1987年版影印本，第120页。

④ 陈志荣编著：《杭州市富阳区非物质文化遗产大观·民俗卷》，浙江文艺出版社2016年版，第251页。

彩。他们此刻是神，而不是人。如果开口说话会遭殃的”[①]。非但如此，他们吃饭也只能由他人协助喂食，不能自己动手。人们通过这样的禁忌设置，将神与人区分开来，并示以敬重。此种禁忌在古代民间社火和戏曲仪式中较为普遍，如宁夏隆德地区民间社火活动中，表演者“装扮上后，不能说话，直至马社火表演完成方能说话”[②]；又如福建福州地方戏曲开台禁忌，“众演员化妆好就是神，不能说话”[③]。二是在“出灯”途中，遇水或遇到龙灯、罗汉灯，须对水神、龙王、罗汉敬拜。根据皖南圩区风俗的习惯性心理，马明大王的神祇地位不及水神、龙王和罗汉，故而相遇时必须进行敬拜。但敬拜的方式有所不同，遇水则举起旗子并左右摇摆，夜间提着“香灯笼”时，要将“香灯笼”按前后一高一低的形式摆动；相遇龙灯、罗汉灯时则全体队员行古时作揖礼。

忌鬼方面并无特别的仪式禁忌，大抵移植于民间丧葬习俗。一是“开光”时听鸟语。据当地老人讲述，以前“开光”时，必须等到夜间鸟雀鸣叫，方可请神开光，如若迟迟听不到鸟雀声，便叫人去田野里赶，如今已不讲究，多以杀公鸡沥血代替。旧时以听鸟语的方式将人鬼时空隔开，丧葬仪式中鸡鸣哭祭送魂也是如此。二是“出灯”进出本村时必须“打草头”。出村时如何“打草头”，前文已经介绍，此处不赘。每日“出灯”结束回村，由专人在村口燃放鞭炮迎接，所有“出灯”人员须跨过“打草头”回村。若是无人迎接，所有“出灯”人员须在村口等待，不能直接进村。“打草头”是皖南圩区送葬程序中的一项内容。三是“圆灯”仪式一结束，“马灯”队员须绕道回家。即“抹破脸上的化妆，跑到田野里绕里把路又加速往家跑”[④]。如此做法，主要是避免神灵认出附体

① 荆毅：《一路走来》，安徽人民出版社2007年版，第64页。

② 杨梓主编：《宁夏文艺评论2017年卷》，宁夏人民出版社2017年版，第26页。

③ 张帆：《当代戏曲班社与艺人中的田公元帅信俗》，载叶明生、梁伦拥主编：《上杭木偶戏与白砂田公会研究文集》，海潮摄影艺术出版社2010年版，第53页。

④ 鲁安娜：《皖芜湖白马山“马灯”田野考察》，载麻国钧等主编：《祭礼·傩俗与民间戏剧——’98亚洲民间戏剧民俗艺术观摩与学术研讨会论文集》，中国戏剧出版社1999年版，第439页。

之人，并再次附体，带来邪祟。绕道回家在全国各地民间丧葬仪式中颇为常见，如广东雷州地区“下棺入土，众人绕道回家”[①]；又如福建漳平地区，“所有送葬者均不走原路，要绕道回家”[②]；再者云南华坪地区少数民族葬俗中亦有此例，“送葬回来不得走原路，要绕道回家”[③]，其目的是“以防鬼魂随身跟回、作祟”[④]，与“马灯”圆灯仪式中绕道回家的用意完全一样。

二、生活禁忌

民俗禁忌与人们的日常生活紧密联系，故而皖南圩区“马灯”也有不少生活禁忌。对于生活禁忌概念的理解，从狭义上讲，其是指“特殊场合禁忌之外又和日常生活紧密相连的禁忌”[⑤]。生活禁忌的范围较为广泛，因为“在禁忌系统中，人们相信灾祸的根源到处都有，它们就潜伏在那许多事物中，各种场所，各种行为，甚至时间、方位、言谈话语都可能引出灾祸、厄运”[⑥]。

对于个人，“兴灯”过程中不可“打坳”。所谓“打坳”，根据方言音译而来，有反对、拒绝之意。村民之所以会“打坳”，无非由两点原因引起：其一是要出钱，“兴灯”经费主要由村民自筹，一般按户均摊；其二是要出人，参演人员和打杂人员均自村民中挑选。无论出钱还是出人，实质是由村集体分担“兴灯”负担，但并不是所有村民都愿意和有能力分担。以前村民收入不高，且贫富不均，难免有难以承担分摊费用的，现在则是不愿让小孩受累受苦，这就容易引起少数村民的反对，甚至是

① 司徒尚纪：《雷州文化概论》，广东人民出版社2014年版，第353页。

② 詹柏山：《红白世事的民俗》，载《菁华漳平》编委会编：《菁华漳平》，海峡文艺出版社2010年版，第125页。

③ 李德洙、杨聪主编：《中国民族百科全书 13 白族、傈僳族、纳西族、怒族、独龙族卷》，世界图书出版西安有限公司2015年版，第393页。

④ 闫鸿斌、闫鹏：《梦萦故里 追忆旧时的青山泉》，中国矿业大学出版社2016年版，第371页。

⑤ 郭艳萍、吕继红主编：《中国民俗旅游》，中国旅游出版社2016年版，第206页。

⑥ 万建中：《中国禁忌史》，武汉大学出版社2016年版，第266页。

激烈的反抗。于是，为了保证“兴灯”活动的顺利开展，长期以来便形成了不能“打坳”的禁忌。按照民间说法，“打坳”者不受神灵护佑，往往会遭到厄运，加之村里老人常常向后人讲述，某某人因“打坳”而身患重病，某某家因“打坳”而家道中落之类牵强附会的故事和传说，使这一禁忌的威力得到强化，让村民产生畏惧心理。结果显而易见，出钱出人的阻力大大减小。

对于家庭，禁忌主要体现在两性关系上。在以男权主导的传统社会里，“轻视妇女，对妇女禁忌颇多”[①]，这也在皖南圩区“马灯”禁忌中有所反映。一般情况下，皖南圩区“兴灯”活动的参与者均为男性，女性不仅不能参与，而且不能进入灯堂，“那里是女人的禁地，老辈人规矩：若是女人闯入，就会在玩灯时出现不吉利的事”[②]。女性甚至不能与“神角”有任何的接触，故而以前“上马”人员，特别是主神“关公”的扮演者，以单身或育有子嗣者为宜，而且他们在“兴灯”期间不能回家，均须吃住在“灯堂”，一为守护神灵，一为避免夫妻同房。还有办“灯酒”的时候，接“神角”回家的不能是女性，女性也不可到堂前“冲”了神光。笔者的叔叔家有次办“灯酒”，婶婶看叔叔一人端茶倒水忙不过来，便从厨房端了一盘菜送到堂前，当即遭到“兴灯”方的呵斥。“兴灯”方吃完“灯酒”离开时，将一只饭碗倒扣在桌子上，并在碗上放了一双筷子，婶婶不知其意，为此惶恐不安，后来经多方打听，才知是原谅的意思。这些禁忌随着时代变迁和女性社会地位的提高遭到挑战，在1985年春节期间，南陵县黄塘地区打破陈规，18位秀丽姑娘和青年妇女“扮马”，“开创了妇女玩马灯的先例”[③]，此后“女灯”在该地区流行开来。但是，“女灯”的开创只是男女平等社会地位的一个反映，并未完全冲击神圣禁约，“女灯”不请神的禁忌自此相沿成习。

① 宁国县地方志编纂委员会编纂：《宁国县志》，生活·读书·新知三联书店1997年版，第757页。

② 荆毅：《一路走来》，安徽人民出版社2007年版，第65页。

③ 佑人：《传统佳节话彩灯》，载政协南陵县文史办公室编：《南陵县文史资料》第六辑，1987年编印，第86页。

对于族群，也有生活禁忌的约束。其中一个例子是，所有“出灯”人员不能踩他人门槛。尤其在“绕灶”和吃“灯酒”的过程中，“进出门时注意脚下，不能踩门槛”①，而应先迈左脚跨过门槛为宜。通常在“出灯”前，村里长辈或“马灯师傅”会提前交待，“马灯师傅”也会在现场“举一白毛巾提醒众人不能踩门坎”②。忌踩门槛的风俗形成于春秋以前，据民间传说，“门坎是户主的脖子，踩门坎则户主噎脖，因而严禁踩门坎”③，所以以前因踩门槛而打架斗殴的现象时常发生。但该禁忌流行至今，已成为一种礼仪形式。据笔者观察，如今虽然“出灯”方仍然注意，但“接灯”方并不追究踩门槛的行为。忌踩门槛的禁忌，已然流于形式。

图2–12　忌踩门槛

三、演出禁忌

在皖南圩区“马灯”出灯表演前后，人们为了维护心目中的神灵信

① 谈正衡：《回味：童谣思故乡》，东方出版中心2016年版，第243页。

② 鲁安娜：《皖芜湖白马山“马灯”田野考察》，载麻国钧等主编：《祭礼·傩俗与民间戏剧——'98亚洲民间戏剧民俗艺术观摩与学术研讨会论文集》，中国戏剧出版社1999年版，第438页。

③ 叶大兵、乌丙安主编：《中国风俗辞典》，上海辞书出版社1990年版，第801页。

仰，获取神灵的护佑，便创设了种种演出禁忌。但是，“人神殊途，神之爱好本非人能获知。俗世的人只能按照世俗的尊崇心理来供奉神灵，用世俗的崇拜行为来祭奠神灵”[①]。故而这些演出禁忌，均与出灯表演过程中遭遇的现实问题有着直接的联系，是解决这些现实问题的结果。

演出前，不走回头路。根据皖南圩区玩灯习俗，出灯“玩哪些村，行进什么路线，事先都已安排好”[②]，尽量避免走重复路、回头路。“马灯”如此，别的灯种也例行此禁，如池州东至洋湖地区流行的“五猖太平灯”，走村串户，“不走回头路，每到一个村庄，打灯笼的领队首先与当地德高望重的长者一道至该村的庙宇、祠堂亮烛敬香。然后由近至远、从左到右进家入户”[③]。不仅仅是皖南圩区有此禁忌，其他地区的玩灯习俗中亦有此禁，如浙江花桥龙灯出迎，“龙路按龙不走回头路的习俗”[④]；又如广西桂林龙胜草龙舞，“须按照‘不走回头路’的传统规矩，依次走遍村寨的所有稻田”[⑤]。当然，“不走回头路”的习俗，在民间婚俗丧礼中十分普遍。

表演中，爆竹声不绝，演出不停止。民间约定俗成，“出灯”方表演的同时，“接灯”方燃放爆竹以示热情，如若爆竹声不歇，表演就不能停止。遇到人情往来较多的村子，通常燃放爆竹的量就较大，爆竹声延续时间就较长，表演人员就容易疲累，“除非‘求情’，表示甘拜下风”[⑥]，

---

① 张勇风：《中国戏曲文化中的“禁忌”现象研究》，文化艺术出版社2016年版，第55页。

② 谈正衡：《回味：童谣思故乡》，东方出版中心2016年版，第242页。

③ 安徽省非物质文化遗产保护中心编：《安徽省非物质文化遗产乡土读本·皖南卷》，安徽大学出版社2016年版，第37页。

④ 王岩编著：《青少年应该知道的龙舞和狮舞》，泰山出版社2012年版，第163页。

⑤ 桂林市文化新闻出版广电局编：《桂林非物质文化遗产概览》，广西师范大学出版社2018年版，第99页。

⑥ 芜湖市文化局编：《芜湖古今》，安徽人民出版社1983年版，第285页。

不然只能咬紧牙关撑到爆竹声停①。这种情况在当下并不常见，一般双方都能拿捏好分寸，适可而止。另外，神角“张飞”不能下场参加表演，只能作壁上观。当地方言称之为“猛张飞”，即勇猛有余而智谋不足之意，因此不讨人喜欢，为人所忌讳。人们大多不愿意扮演这样的角色，尤其是正在读书的青少年。吃“灯酒”时，也没有人愿意领他回家，他只能跟着其他“神角”混吃混喝。

结尾时，“云长扫堂”多有禁忌。“云长扫堂”的寓意是扫除秽气，驱邪消灾，尤为人所看重，但“人无完人，按人的意志、人世的崇拜法则所塑造出来的神也难免存在着种种不足”②，故而有关禁忌也多。一是“关公”所拿“青龙偃月刀”不能扫到任何人和物件，“据说碰上了主人家要倒霉”③。二是“关公”圆场跑的时候不能跌倒，这是“马灯”民俗活动中最为忌讳的。倘若跌倒，就必须重新开场表演一遍，重新进行“云长扫堂”，当地方言称之为“将堂子撸起来”。事后，“接灯”方还要在“关公”跌倒处杀公鸡沥血，以驱不祥。

除了上述禁忌，皖南圩区兴灯活动还有一些其他的共同禁忌。如不兴则已，一兴三年。一旦兴灯，则以后两年还要继续兴灯，直到三年期满。又如“圆灯后三天内村里不可响锣鼓，外村的灯会也不让进村”④，防止神灵留恋世间不走。

纵观这些民俗禁忌，均以鬼神观念为出发点，缺乏科学的说服力，

---

① 倘若村子较小或人情往来较少，一般燃放爆竹的量就不多，爆竹声延续时间就短，甚至不及一场“马灯”的表演时间，这种情况下，一旦开演，就要呈现一个完整的演出。

② 张勇风：《中国戏曲文化中的“禁忌”现象研究》，文化艺术出版社2016年版，第55页。

③ 鲁安娜：《皖芜湖白马山“马灯”田野考察》，载麻国钧等主编：《祭礼·傩俗与民间戏剧——’98亚洲民间戏剧民俗艺术观摩与学术研讨会论文集》，中国戏剧出版社1999年版，第438页。

④ 鲁安娜：《皖芜湖白马山“马灯”田野考察》，载麻国钧等主编：《祭礼·傩俗与民间戏剧——’98亚洲民间戏剧民俗艺术观摩与学术研讨会论文集》，中国戏剧出版社1999年版，第439页。

随着时代进步而很容易被遗弃。20世纪八九十年代以来，皖南圩区兴灯的间隔时间越来越长，兴灯一年、两年而不满三年期的现象普遍存在，其他禁忌的约束力也越来越弱，甚至为人所减省和忽略。并且，随着科学文化素养的普遍提高，人们对禁忌的畏惧心理消失殆尽，从根本上摆脱了禁忌的心理束缚，这些禁忌也就失去了市场。加之社会条件和环境因素的变化，皖南圩区“马灯”民俗的相关禁忌自然进入了现代变迁的轨道。

小　结

通过对皖南圩区“马灯”进行较为系统地梳理后可见，它蕴藏着丰富的民俗历史文化信息。上述仅从兴灯仪式与过程、场地表演及其结构、禁忌现象及其现代变迁这三个角度予以阐述，除了少数细节有待于做进一步的考察，基本呈现了皖南圩区“马灯”的主要内容。

首先，在兴灯仪式与过程方面，皖南圩区“马灯”有一套从“兴灯”到“出灯”再到“圆灯”的完整的仪式和过程，这是它得以形成的骨骼和框架。分别来看，“兴灯”“出灯”和“圆灯”环节又包含了很多相对独立的仪式过程，使整个仪式和过程呈现出树状结构，在空间上得到极大丰富，同时还保持了时间上的依次连续性。不过，皖南圩区“马灯”的仪式和过程，虽然融入了自身特色，却并非独有，这一整套仪式和过程同样适用于当地的“龙灯”“罗汉灯”等其他灯种。

其次，在场地表演方面，皖南圩区“马灯”形成了“一体两翼”的表演结构，这是它的血肉和肌肤。总体来看，以童子“模云”作开场，以神角“穿灯”作主体，以“云长扫堂”作结尾。其中，“穿灯”表演据说有一百零八种阵式，或走阵穿花，或列阵演武，极具观赏性。皖南圩区“马灯”的艺术魅力即在于此。

最后，在民俗禁忌方面，皖南圩区“马灯”在仪式、日常生活和演出中有很多禁忌，或移植于其他风俗禁忌，或根据自身内容和特点创设。

不管怎样，这些禁忌现象，均以传统鬼神观念为实质，试图从社会行为和心理两方面维持“兴灯”秩序，构成皖南圩区“马灯”的经络和气血。

概而言之，皖南圩区“马灯”蕴含内容丰富，能够被作为一个缩影呈现地方民俗文化，并从内容上再次反映出杂糅与共生的基本特征。

第三章 故事情境的设计与构建

从表面上看，皖南圩区“马灯”的特色内容，无非由一个个人扮演一个个传奇英雄人物，按照固定的套路在稻场上表演。而且，粗略观察这些传奇英雄人物，从三国时期跨越至唐宋时期，不仅相隔时间久远，相互之间也无明显关联，却被组合成为一支“神角”队伍，令人疑惑不解。然究其合理性，前人在创建皖南圩区“马灯”之时，巧妙地选择和挖掘了这些传奇英雄人物及其内在联系，设计和构建了一般故事情境，使之拥有存在的逻辑。因此，本章便从皖南圩区“马灯”人物着手考察，旨在揭示该民俗文化的内在机理。

第一节 人物叙事及其内在逻辑

纵观皖南圩区“马灯”“神角”队伍，尽管各地方在“神角”人物先后顺序上有所差异，但总体上形成开头、主体和结尾三段式结构，并以神鬼观念制造了一个合理空间，将不同故事背景的传奇英雄人物纳入其中，颇有“形散而神不散”之韵味。既然如此，本节内容便着重考察这些传奇英雄人物及其故事背景，以此为基础将其中叙事逻辑明白呈现出来。

一、开头：“太保”执令旗

通常，“太保”为皖南圩区“马灯”第一位“神角”。在行进队伍中，

“太保”走在“马灯师傅”之后，手执方形红底白边令旗[①]，带有“传令兵”的角色功能定位，故又被称作“报马”。这样的“太保”执令旗基本流于形式，真正发挥作用的是“马灯师傅”及其手中的红旗。也有少数“马灯”表演中，“马灯师傅”不上场，完全由“太保”领头，此时“太保”执令旗即有发号施令之意。可“太保”为何许人也？为何由“太保”执令旗“发号施令”？

民间一向以“太保”或“报马”称之，无实名，以致其身份存疑。从概念来看，“太保”为古代官职名，周时与太师、太傅同位“三公”，“宋元时借以称各色人物”[②]，如庙祝、巫师、仆役和绿林好汉等，词义泛化，代指人物不详。从“马灯”服装来看，“太保”主要有两种改良戏曲服装，常见的一种为身穿彩绣龙箭衣，加靠领[③]，头戴红底金边文生巾[④]；另一种为身穿黄团龙蟒，加靠领，头戴黄色大板巾。两种均为混搭，彩绣龙箭衣加靠领“用于身份高贵的王侯、武将”[⑤]，但戴文生巾者为“儒雅的公子、相公和清秀、潇洒的秀才、书生”[⑥]；黄团龙蟒则“专为帝王使用”[⑦]，象征尊贵和皇权，在戏曲中为文老生行头，应头戴皇

① “太保”所执令旗为红底白边方旗，中间用毛笔书写一黑色“令”字。该令旗可能衍变自古代戏曲道具，如京剧中有“布质白色方旗，中间绣有‘令’字，周围红色边缘”，用于剧中元帅发号施令。（见吴同宾、周亚勋主编：《京剧知识词典》，天津人民出版社1990年版，第159页）

② 张茂华、亓宏昌主编：《中华传统文化粹典》，山东人民出版社1996年版，第94页。

③ 靠领，俗称三尖领，“是围在脖子上的一块护领，形似三朵垂云，缎制，上面绣着云头”。（见吴同宾、周亚勋主编：《京剧知识词典》，天津人民出版社1990年版，第87页）

④ 文生巾，又称公子巾、小生巾。“自帽顶至两侧的后半截有扇子形的硬边，与左右如意头硬边连接。挂流苏，两耳下垂丝须。巾背垂有两条飘带，彩色光缎制，刺绣草花或万字盘边图案。颜色不一，多与衣服配色使用。”（见吴同宾、周亚勋主编：《京剧知识词典》，天津人民出版社1990年版，第111页）

⑤ 谭元杰绘著：《中国京剧服装图谱》，北京工艺美术出版社2008年版，第168页。

⑥ 吴同宾、周亚勋主编：《京剧知识词典》，天津人民出版社1990年版，第111页。

⑦ 谭元杰绘著：《中国京剧服装图谱》，北京工艺美术出版社2008年版，第22页。

帽，但此处头戴大板巾“为随侍元帅、按院的校尉、中军和士兵（龙套）专用”①，且“凡穿蟒的人物，加用靠领（三尖领），即表示此人是武将”②。此两种服装搭配不合常理，各自相矛盾，其一既为武将，何故头戴文生巾？其二既为帝王，怎能头戴龙套专用大板巾？又经核对诸多戏曲人物图谱，鲜见如此行头打扮，可见仅根据服装信息实难断定“太保”身份。

图3-1 皖南圩区“马灯”中“太保”的通常装扮

但若将前三匹马综合考察，“太保”身份则浮出水面。“太保”之后通常为“程敬思”和“李晋王”。程敬思为唐僖宗时吏部尚书，实乃虚构人物，出自元末明初罗贯中所著长篇历史小说《残唐五代史演义》，其原型为代北起军使陈景思。李晋王即李克用，唐末西突厥沙陀部人，本姓朱邪，其父朱邪赤心因镇压庞勋起义有功而被赐姓李氏，后反唐兵败逃入鞑靼，黄巢攻入长安之后，陈景思以诏书召其为代州刺史、雁门以北行营节度使，“率沙陀兵镇压黄巢，攻破长安，被任为河东节度使，后封

① 大板巾为京剧软胎巾帽，“巾口绣篆文‘寿’字，云纹抱角，巾背平面后兜……戴时，巾色与龙套服同色”。（见吴同宾、周亚勋主编：《京剧知识词典》，天津人民出版社1990年版，第113页）

② 谭元杰绘著：《中国京剧服装图谱》，北京工艺美术出版社2008年版，第24页。

晋王”[①]。这一段史实经罗贯中加工创作，形成《残唐五代史演义》主要故事情节之一，也使得程敬思和李晋王产生人物联系，并可由此推断，“太保”应为“十三太保”[②]之一。

图3-2　前三匹马分别为“太保”“程敬思”“李晋王”

综合来看，“太保”极有可能是大太保李嗣源。根据《残唐五代史演义》第七回讲述，程敬思奉诏北上搬救兵，出大潼城至野狐岭，遭遇山贼劫掠，只剩一人一马，正当寻思自缢时，幸而遇见大太保李嗣源，不仅帮助其夺回被劫财物，还得以见到李克用[③]。何也？李嗣源本名邈佶烈，沙陀人，十三岁时丧父，被李克用收为义子，十七岁时因舍命保护李克用脱险而深受其信任，“掌亲骑，为侍卫长”[④]，天祐十四年（917）因击败契丹军有功被封为检校太保[⑤]。同光四年（926），李嗣源即皇帝

① 夏征农主编，郑申侠等编著：《大辞海・军事卷》，上海辞书出版社2007年版，第379页。

② “十三太保”指晋王李克用的十三个儿子（包括义子），因皆被封为太保而得名，分别为大太保李嗣源、二太保李嗣昭、三太保李存勖、四太保李存信、五太保李存进、六太保李嗣本、七太保李嗣恩、八太保李存璋、九太保李存审、十太保李存贤、十一太保史敬思、十二太保康君立、十三太保李存孝。

③（明）罗贯中：《残唐五代史演义》，江西美术出版社2018年版，第16—19页。

④ 白寿彝总主编，陈振主编：《中国通史 第7卷 中古时代・五代辽宋夏金时期》下册，上海人民出版社2015年版，第909—910页。

⑤（宋）薛居正等：《旧五代史》卷三十五《唐书十一・明宗纪第一》，中华书局1976年版，第486页。

位，更名李亶，为后唐明宗，“在位七年，于五代之君，最为长世，兵革粗息，年屡丰登，生民实赖以休息”[①]。从沙陀王义子到检校太保，再到后唐第二位皇帝，李嗣源的多重身份正好解释了“太保”马灯服装混搭的合理性。

至于大太保李嗣源执令旗的缘故，还要从京剧传统剧目《沙陀国》讲起。《沙陀国》，一名《雅观楼》《解宝收威》[②]，后经谭鑫培改编为《珠帘寨》[③]，取材于孤本元明杂剧《紫泥宣》和《残唐五代史演义》第七回至第九回[④]。剧中程敬思前往李克用处搬救兵，但李克用心存曾遭谪贬之怨恨，迟迟不肯发兵，大太保李嗣源请求出兵而险些被处斩，便至曹月娥、刘银屏二妃处喊冤叫屈。戏文曰：“母后有所不知，今有长安程敬思恩公前来搬兵求救，爹爹不发人马到（倒）还罢了，反将孩儿推出去斩，多亏程恩公讲情才得活命，特到后堂请二位母后前去讲个人情。”[⑤]曹、刘二妃念及程敬思当年搭救之恩，前往堂前劝解李克用无效，传令亲自挂帅，将令旗交予大太保李嗣源，命李嗣源为前站先行，辕门听点发兵。

如此借用典故，皖南圩区“马灯”得以大太保李嗣源执令旗作开端，保留其传令发兵之寓意。

二、中间：三国、隋唐、两宋群英会

三国、隋唐、两宋时期的传奇英雄人物，构成皖南圩区“马灯”的人物主体。在人物选取和排序上，受到村落传统习惯、师承渊源和人口

① （宋）欧阳修：《新五代史》卷六《唐本纪第六》，（宋）徐无党注，中华书局1974年版，第66页。

② 中外书局编辑：《古今戏剧大观》第二册，中外书局1921年版，第52页。

③ 此剧原为净角正工戏，用净角扮演李克用，谭鑫培改用老生扮演，并增加“收（周德）威”一节，列为生角正工戏。（见黄钧、徐希博主编：《京剧文化词典》，汉语大词典出版社2001年版，第366页）

④ 王文章主编：《中国艺术研究院藏清升平署戏装扮像谱》，学苑出版社2005年版，第112页。

⑤ 聆音馆主编：《戏典》第二集，上海中央书店1936年版，第92—93页。

因素等多方面的影响，存在一些差异。但从整体上看，不管做如何取舍，以杨六郎、杨宗保和穆桂英为代表的宋代杨家将人物，以薛仁贵、薛丁山和樊梨花为代表的唐代薛家将人物，以周瑜、孔明、赵云、黄忠、张飞、刘备和关羽为代表的三国英雄人物，均为主要保留人物。排序上稍有混乱，整体遵循由近及远的规律，兼以父为子先、夫为妻先的原则，反之亦可，但须全部排序风格保持一致，同时期的则以民间地位和影响力作为参照，从弱到强进行排位。因此，在“太保”“程敬思”“李晋王”之后，先后为北宋杨家将人物、南宋岳家将人物、唐代薛家将人物、隋唐英雄人物和三国英雄人物，尤以三国时期蜀汉“五虎上将”殿后。

北宋杨家将人物，在皖南圩区“马灯”中出现的，通常有两种人物组合。第一种为顺序人物组合，“杨六郎”在前，“杨宗保”和“穆桂英”在后；第二种为倒序人物组合，“杨宗保”和“穆桂英”在前，“杨六郎”继之，“杨令婆”在后。无论怎么排序，“杨宗保”和“穆桂英”的顺序基本不变。这四名英雄人物出自杨家将精忠报国的传奇故事。杨家将系列传奇故事，以杨业、杨延昭父子为代表的杨氏家族抗辽保宋戍边事迹为原型，“北宋时就开始流传”[①]。南宋时有《杨令公》《五郎为僧》等说书，元时有《谢金吾诈拆清风府》《昊天塔孟良盗骨》等杂剧，明时出现纪振伦（号秦淮墨客）校阅的《杨家府世代忠勇演义志传》（简称《杨家府演义》）、熊大木编著的《北宋志传》（又名《杨家将》）等小说。此后关于杨家将的戏曲流行起来，并且从村野走入宫廷，有240出的清代宫廷连台本戏《昭代箫韶》应运而生。“清末京剧成熟之后，杨家将戏更成为舞台上盛演不衰的剧目。”[②]根据这些演义、话本和戏曲可知，杨令婆即佘太君，名佘赛花，原型为杨业之妻折氏，为杨门女将主要代表人物之一，有百岁高龄率杨门十二寡妇出征杀敌之壮举。其子杨六郎，即杨景，原型为杨延昭，智勇双全，在杨家将“七子去，六子回”的金沙滩

① 北京市房山区燕山非物质文化遗产保护领导小组主编，郭延生编著：《杨家将传说调查报告》上册，群言出版社2017年版，第29页。

② 王平等：《中国古代白话小说传播研究》，山东教育出版社2015年版，第80页。

血战中独自杀出重围，后有巧摆牤牛阵等传说故事。杨延昭娶妻后周世宗柴荣之女，生子杨宗保。杨宗保少时随父征辽受伤落马，为穆桂英所救，后前往穆柯寨借用降龙木，与穆桂英定下婚约，得穆桂英相助，大破辽人天门阵。杨宗保和穆桂英为虚构人物，但学界亦有诸多考证，有人认为原型为杨文广和其妻慕容氏。穆桂英作为文学作品中典型的巾帼英雄，有镶门救夫、战洪州、中年挂帅等传奇故事，在戏曲舞台上，"可以说是最具光彩、最动人心、也最为观众所津津乐道的"[①]。

图3-3　"马灯"中的"杨六郎"

关于杨家将的两种人物组合实际上皆为双数，故第一种人物组合中还有一个人物，便是"杨再兴"。"杨再兴"在皖南圩区"马灯"中的位置，一在"杨六郎"之前，这可能是一种讹误，按照上述分析，此位置应为"杨业"，但皖南圩区"马灯"中鲜有"杨业"人物出现；一在"杨令婆"之后，"岳飞"之前，处于过渡位置，既为杨家将，又为岳家将。何故？据《宋史》记载，杨再兴原为游寇曹成部下，后降于岳飞，跟随岳飞抗金，郾城之战中"以单骑入其军，擒兀术不获，手杀数百人而还"[②]，而后在小商桥遭遇金兵，因寡不敌众而战死。可见杨再兴确有其人，不过《宋史》并未记载其家世，以致争议颇多。但在清代长篇英雄传奇小说《说岳全传》中，杨再兴被虚构为杨六郎后人，第四十八回有

① 胡国珍、施尼娜：《中国京剧人物形象》，李直译，中国戏剧出版社2016年版，第604页。

② （元）脱脱等：《宋史》卷三百六十八《列传第一百二十七·杨再兴》，中华书局1977年版，第11463—11464页。

云：“我乃杨景是也。因我玄孙再兴在此落草，特来奉托元帅，恳乞收在部下立功，得以扬名显亲，不胜感激！”[①]再综合小说信息，杨六郎之子为杨宗保，杨宗保之子为杨文广，“杨文广之子杨怀玉，被朝廷敕封为大将军，妻孟九环，生子杨再兴”[②]。是故，杨再兴被赋予了杨家将和岳家将双重身份，这在皖南圩区“马灯”中得到充分体现。

南宋岳家将人物，除了杨再兴，在皖南圩区“马灯”中出现的还有“岳飞”“韩世忠”和“梁红玉”。岳飞是南宋抗金名将，战功累累，后为主和派秦桧构陷“谋反”而冤死。据《宋史》记载，岳飞身上刺有“尽忠报国”四字，其心日月天地可鉴，故其死令人唏嘘不已。秦桧死后，岳飞冤案得以昭雪，“孝宗诏复飞官，以礼改葬，赐钱百万，求其后悉官之。建庙于鄂，号忠烈”[③]。韩世忠和岳飞同为南宋“中兴四将”之一，忠勇有加，名震敌国，娶妻梁氏，明清戏曲小说中唤作红玉。梁氏随夫从军，立下殊勋，在建炎四年（1130）黄天荡之战中，亲执桴鼓助战，和韩世忠一同抗金，江防被金军突破后，上书请治丈夫韩世忠失机纵敌之罪，从此名震天下。《说岳全传》第四十四回“梁夫人击鼓战金山 金兀术败走黄天荡”重新演绎了这一历史情节。

继之为唐代薛家将人物，分别为“薛仁贵”“薛丁山”“樊梨花”“薛应龙”。长久以来，我国民间广为流传着薛家将的传奇故事，以薛仁贵及其子孙后代戍边保疆的事迹为创作原型，至清代形成故事系统，有如莲居士编撰的《薛家将》流传于世，和《杨家将》《呼家将》构成我国通俗小说史上著名的“三大家将小说”。薛仁贵其人在《新唐书》《旧唐书》中均有传记，东征西讨，战功赫赫，留有“良策息干戈”“三箭定天山”“神勇收辽东”“仁政高丽国”“爱民象州城”“脱帽退万敌”等典故。薛仁贵长子薛讷镇守边疆，屡立战功，在薛家将系列故事中，以薛讷为历

① （清）钱彩：《说岳全传》，岳麓书社2019年版，第304页。

② 《杨家将家族简史》，载郁南县政协学习文史委员会、连滩镇文广庙文物管理委员会合编：《郁南文史》第20期，2001年编印，第11页。

③ （元）脱脱等：《宋史》卷三百六十五《列传第一百二十四·岳飞》，中华书局1977年版，第11395页。

史原型虚构出了薛丁山。薛丁山随父平定西凉途中，与西凉寒江关总兵樊洪之女樊梨花结为夫妻，其间爱恨纠葛引出的“三休三请樊梨花”的故事，最为脍炙人口。樊梨花人物虽然带有传奇色彩，但其人聪慧勇敢，且忠于爱情，挂帅封侯的巾帼英雄形象于是深入人心，名流千古。樊梨花曾收义子薛应龙，大破西凉大将杨藩的白虎阵时，封薛应龙为四路接应使，协助攻打白虎关，平定叛乱。后来樊梨花带兵攻打玉龙关，番将苏宝同布下金光阵，薛应龙私自打阵丧命，“阴魂不散，飘飘荡荡，到凤凰山与神女成亲，复归神位”①。

其后为“程咬金”“徐茂公”“罗成”“秦叔宝”“李元霸”“裴元庆”②等隋唐英雄人物，尤以瓦岗英雄为主。这些人物或有历史原型，或为传奇小说虚构，形象丰富饱满，在民间流传甚久。明清时期，有关系列小说在正史、野史、话本和民间传说等素材基础上加工而成，以清代鸳湖渔叟校订的《说唐演义全传》为集大成者。该作品“以粗犷的笔调描绘了草泽英雄的仗义豪侠，勇武神力，反抗隋末暴政，辅佐秦王李世民四方征战，终一统天下”③的故事，尤以瓦岗英雄为中心，“塑造了隋末乱世英雄的群像”④，深受读者喜爱。

排在最后的三国英雄人物，以蜀汉英雄人物为主，主要有“周瑜”“鲁肃”“姜维”“孔明”“吕布”“貂蝉”“黄忠”“马超”“赵云”“张飞”“刘备”“关羽”等。从排序上来看，“吕布”“貂蝉”之前为谋士，之后

---

①（清）无名氏：《薛丁山征西》，团结出版社2016年版，第258页。

② 皖南圩区“马灯”中关于隋唐英雄人物的排序，基本符合明清系列小说中的排位，有疑问之处在于“裴元庆”和“李元霸”的排位与小说中不相符。根据《说唐演义全传》，李元霸位列“隋唐十八好汉”第一位，天生神力，手持一对八百斤铁锤，打遍天下无敌手。裴元庆排在第三位，同样力大无穷，手持一对六百斤银锤，其在四明山大战中硬接李元霸三锤而名扬天下，要知道排在第二位的宇文成都仅接一锤便致使虎口震裂流血。或因此故，皖南圩区“马灯”抬高了“裴元庆”的地位，将其排在“李元霸”之后。

③ 张文珍：《中国古代通俗小说发展研究》，山东教育出版社2015年版，第185页。

④ 侯忠义主编：《名家解读古典名著 历史小说》中，辽宁教育出版社2013年版，第151页。

为“五虎上将”[①]和先主“刘备”。其中，周瑜和鲁肃为孙吴谋士，曾力排众议，推动孙刘结盟，大败曹操于赤壁，奠定三国鼎立格局。吕布和貂蝉的故事，以及蜀汉英雄人物的故事，尽人皆知，不再赘述。三国乱世中，英雄辈出，他们的事迹很早就成为艺术表现的题材，直至元末明初由罗贯中博采众长，创作出长篇章回体历史演义小说——《三国志通俗演义》（简称《三国演义》），“在成书后的几百年间，广为流传，几乎达到了家传户诵的程度，而其中蕴含的文化特质深深影响到了整个中华民族的性格心理”[②]。而且，该小说以蜀汉刘备集团为创作中心，与皖南圩区“马灯”的人物取向是一致的。

除了上述传奇英雄人物，皖南圩区“马灯”中还有汉代的“韩信”和“萧何”、唐代的“郭暖”和“金枝”等人物。从这些人物组合和故事可以看出，皖南圩区“马灯”人物的选取有一定的规律可循。一是人物形象要符合弘扬忠孝节义思想。皖南圩区“马灯”以“关羽”为主神，以“刘关张”三人为人物核心，已经说明了这一点，这也是曹操等奸雄人物未能入选其中的原因。二是人物要符合对美好爱情的追求和歌颂。皖南圩区“马灯”中有多个夫妻档，如“杨宗保”和“穆桂英”、“韩世忠”和“梁红玉”、“薛丁山”和“樊梨花”、“郭暖”和“金枝”、“吕布”和“貂蝉”，而且特别规定夫妻档传奇人物必须同时出场。这便很好地解释了中国古代四大巾帼英雄，为何唯独花木兰没有入选皖南圩区“马灯”人物。此外，受到明清小说、戏曲的传播和影响，“马灯”人物在民间都有较高的知名度，而且都以群体的形式出现，不存在单个人物入选的情形。这些既是皖南圩区“马灯”人物选取的标准和依据，同时也是这一民俗的文化内涵和主要特色。

---

① 关于“五虎上将”的排序，《三国志》卷三十六有五人的传，排出关羽、张飞、马超、黄忠、赵云的顺序，明代罗贯中撰写《三国志通俗演义》时予以沿袭，然在清代该小说不同版本中顺序有所变化，毛纶、毛宗岗父子评改时将顺序调整为“关张赵马黄”，将赵云的位次由第五提升到第三，此后通行，皖南圩区“马灯”便采用了这一排序。

② 潘晓玲：《陈寿》，陕西师范大学出版总社有限公司2017年版，第124—125页。

三、结尾："刘关张"三结义

皖南圩区"马灯"神角队伍，通常以"刘关张"三位人物为结尾。其排序为"张飞""刘备""关羽"，"刘备"作为蜀汉先主，居中主位，"张飞"和"关羽"一前一后，或分居两侧，"关羽"作为主神殿后。不管皖南圩区"马灯"如何取舍人物，如何变动顺序，此三位神角必不被舍弃，而且"关羽"主神殿后的位次始终不变。

图3–4　"马灯"中的"刘关张"

皖南圩区"马灯"为何如此尊崇"刘关张"三位神角？这显然与他们的忠孝节义有很大的关系。据《三国志》记载，"先主（刘备）于乡里合徒众，而羽与张飞为之御侮。先主为平原相，以羽、飞为别部司马，分统部曲。先主与二人寝则同床，恩若兄弟。而稠人广坐，侍立终日，随先主周旋，不避艰险"[①]，由此可见三人关系非同一般。此后民间附会衍生出桃园结义的故事，《三国演义》便将此故事作为开端，并就结义经过做了具体的描绘，增添结义誓词曰："念刘备、关羽、张飞虽然异姓，结为兄弟，同心协力，救困扶危，上报国家，下安黎庶，不求同年同月

①（晋）陈寿：《三国志》卷三十六《蜀书六·关张马黄赵传第六》，（南朝宋）裴松之注，陈乃乾校点，中华书局1959年版，第939页。

同日生，只愿同年同月同日死。皇天后土，以鉴此心，背义忘恩，天人共戮！”[①]经过小说的艺术渲染，“结义模式所表现出来的‘义’”[②]，在现实社会产生广泛而深远的影响，“统治者借此来巩固江山，下层民众效仿来团结力量”[③]。

这便构成了皖南圩区“马灯”人物叙事的内在逻辑。无论是残唐五代人物，还是杨家将、岳家将、薛家将人物，抑或是隋唐和三国英雄人物，其人其事均反映了“忠义”二字。以此为基本原则选出的历史传奇人物，又在形式上通过借用手法，以“太保”执令旗，点兵召将，共同维护以“刘备”为代表的仁义君主。这样一来，皖南圩区“马灯”非常巧妙地将不同历史时期和不同故事系统的中国古代传奇英雄人物，捏合成了一支合情合理的、有血有肉的、忠君爱国的“神角”队伍。

第二节　历史故事情节的新演绎

仪式、人物和走阵，为构成皖南圩区“马灯”丰富内容的三大要素。前二者看似杂糅，但从前文论述来看，均有捏合的内在逻辑。走阵同样如此。虽然传说中的一百零八阵大多已不复见，但就现在还能看到的阵式不难窥见，其阵式来源混杂，有的是由古代战阵衍变而来，有的是从大自然动态模仿而来，还有的是自传奇故事情节演绎而来。只可惜由于缺乏资料记载，这些阵式的来源和寓意不能一一辨明。故这里仅从其中最有代表性的一个方面加以论述，以裨于明晓皖南圩区“马灯”表演阵式的形成机理。

---

① （明）罗贯中：《三国演义》，黄山书社1998年版，第3页。

② 刘博仓：《〈三国志演义〉面面观》，辽宁大学出版社2017年版，第291页。

③ 梅铮铮：《论“桃园结义”及对后世的影响》，《成都大学学报》（社科版）2006年第6期，第51—52页。

一、"五马破曹"

"五马破曹"，又名"五马破槽"，取材于三国英雄故事。事见于元代讲史话本《三国志平话》和杂剧《阳平关五马破曹》，"情节与《曹操夜走陈仓路》大同小异"①。主要讲述曹操发兵攻打西川，命先遣军分别把守定军山和阳平关，于是诸葛亮用计，先命黄忠夺取定军山，又命张飞、赵云智取阳平关，后命马超活捉受命前来夺关的张鲁。在进退两难之际，曹操听取张辽建议，连夜撤军。诸葛亮料事如神，早已命赵云、张飞等将分头截杀，又命马超、马良、马忠、马谡、马岱五将埋伏于陈仓古道，将曹操包围，曹操只得与部将互换衣冠和坐骑，突围逃走②。后来经此改编而成的《定军山》《阳平关》等京剧传统剧目，时常连演，颇受欢迎。

"五马破曹"还常见于社火演出，流传范围极为广泛。如在河南西峡一带流传着的民间小歌舞，由四个头挽发髻、身穿中式粉红大襟褂、粉红裙、绿色裤子的村姑表演走"∞"字形，一个头戴大红毡帽、身穿中式蓝色裤褂、黄坎肩的男丑反复从中间交叉处走过。当男丑行至台前时高喊一声"嗨"或跺一下脚，四村姑则走至男丑左右成一横排，此时男丑演唱《采茶》《十杯酒》等民歌小调③。其他如湖北、湖南、安徽等地广泛流传着"五马破曹"的竹马灯表演，"由5人分别化装成关羽、张飞、赵云、马超、黄忠，他们身穿铠甲，骑着色彩不同的竹扎战马"④，随着锣鼓节奏互相穿插，"以各种舞步来表现骑马行进的形象"⑤，"是以打击

① 齐森华、陈多、叶长海主编：《中国曲学大辞典》，浙江教育出版社1997年版，第285页。

② 胡世厚主编：《三国戏曲集成·元代卷》，胡世厚校理，复旦大学出版社2018年版，第374页。

③ 中国民族民间舞蹈集成编辑部编：《中国民族民间舞蹈集成（河南卷）》，中国ISBN中心1993年版，第425页。

④ 湖北省大冶市保安镇志编纂委员会编：《保安镇志》，方志出版社2017年版，第239页。

⑤ 中国民族民间舞蹈集成编辑部编：《中国民族民间舞蹈集成（湖南卷）》，中国舞蹈出版社1991年版，第475页。

乐伴奏的舞蹈表演为主，伴以数板解说的民间艺术”[①]。

在皖南圩区“马灯”中，“五马破曹”有其特定的表演阵式。就笔者目前所见，主要有两种表演套路：第一种由“穆桂英”“杨宗保”“吕布”“貂蝉”和“赵云”五位“神角”上场表演。先是每位“神角”进行单个表演，走“剪子”形，上场后重复走两个“∞”，挥舞马鞭冲向左边点驻足，并甩马鞭三下，再重复走两个“∞”，至右边点甩马鞭三下。如此这般再分别至左右两个底边点，然后下场，换下一个“神角”上场，走同样的阵式。待第五位“神角”走完，五位“神角”全部上场，先后挥舞马鞭冲向左右两个底边点，甩马鞭三下再下场，正好形成一个倒“又”字形，即告一个段落。下一个段落由“穆桂英”先上场走一个“∞”，中途“杨宗保”上场加入，再走一个“∞”，然后在中间点“亲嘴”一次，转身再“亲嘴”一次，复走一个“∞”，“吕布”上场加入，重复上述动作，再是“貂蝉”上场加入，最后是“赵云”上场加入，复全部上场走倒“又”字形，即告结束。第二种由“穆桂英”“杨宗保”“樊梨花”“薛丁山”和“黄忠”上场表演。先是五位“神角”全部上场表演一个穿花走阵，然后由“穆桂英”和“樊梨花”两个女将上场分居两侧，走“剪子”形后下场，再由“杨宗保”和“薛丁山”上场，最后由“黄忠”一个“神角”上场。与前一走阵不同的是，甩马鞭之前，倒着退到点处，而不是直接挥舞着马鞭冲向点处。再然后“穆桂英”“杨宗保”“樊梨花”“薛丁山”四位“神角”同时出场，表演“牌坊嘴”阵形，结束时“黄忠”上场加入，两两绕“∞”下场，最后是五位“神角”全部出场，先后走倒“又”字形，才告结束。

① 王彦：《五马破曹（全椒县）》，《江苏经济报》2014年8月2日，第A4版。

图3-5　“五马破曹”之一种

两种表演套路与元话本和杂剧故事，以及京剧传统剧目情节基本吻合。其分别以“赵云”和“黄忠”为主将压轴出场，不得不让人联想到黄忠夺取定军山和赵云智取阳平关的传奇故事。特殊之处在于：其一，由于皖南圩区“马灯”中没有“曹操”这一人物角色，故“五马破曹”的对象被虚无化，变成“五马”单方面走马和武功的表演；其二，从“五马”的角色组合看，既不是杂剧故事中的马超、马良、马忠、马谡、马岱这马氏五将，也不是其他社火民俗表演中的关羽、张飞、赵云、马超、黄忠这“五虎上将”，“上场的也不限三国人物”①，主要是皖南圩区“马灯”中的夫妻档“神角”。

二、“穆桂英挂帅”

“穆桂英挂帅”取材于杨家将演义故事，历来为世人所传唱。原为豫剧传统剧目，又名《老征东》《平安王》《杨文广夺印》《刀劈王伦》等，“1954年马金凤、宋词整理时，删去了文广被俘、招亲等情节，突出了挂帅出征”②，后来赴北京演出时轰动戏曲界。1958年由江南电影制片厂搬上荧屏。1959年经京剧大师梅兰芳等改编，登上京剧大舞台，成为戏曲

① 鲁安娜：《皖芜湖白马山“马灯”田野考察》，载麻国钧等主编：《祭礼·傩俗与民间戏剧——’98亚洲民间戏剧民俗艺术观摩与学术研讨会论文集》，中国戏剧出版社1999年版，第438页。

② 中国戏曲志编辑委员会编：《中国戏曲志·河南卷》，文化艺术出版社1992年版，第173页。

经典。关于剧情，梅兰芳先生有一段较为完整的表述：

> 早在11世纪，宋朝有位戍守北疆的著名将领杨继业，英勇果敢，胆识过人，为朝廷立下了赫赫战功。杨继业威名远播，民间更是流传着关于杨家将的许多传奇故事。穆桂英相传是杨继业的孙媳，年轻时亦为大宋立下过赫赫战功。杨继业和他的多个儿子在抗击敌寇入侵的战争中为国捐躯，但杨家却并未获得朝廷的信任。于是，心灰意冷的穆桂英夫妇决定告老还乡，护送着祖母返回原籍。穆桂英告老还乡二十余年后，西夏犯境，宋朝北疆告急，《穆桂英挂帅》的剧情便是以这一事件为背景的。大宋天子下谕在练兵场举办比武，胜者统率三军，为国出征。穆桂英的儿子杨文广和女儿杨金花参加了比武，杨文广刀劈奸臣王强之子王伦，取得了帅印。但眼见这对娃娃还小，皇帝只得命其母穆桂英挂帅出征。二人返家后将帅印呈给母亲，穆桂英回想昔日所受的委屈，起初并不接受，但经过祖母好一番劝说，她最终决定抛弃个人恩怨，挂帅出征，保卫朝廷的疆土。①

皖南圩区“马灯”同样突出“穆桂英”挂帅出征的故事情节。表演时，“穆桂英”站在场中长凳上居中，象征着沙场点兵。笔者目前所见表演套路有二：一为“一字长蛇阵”，即在“穆桂英”面前用“旗棍子”摆四个点，形成“一”字，先由“神角”从最末的“旗棍子”开始绕圈，每个“旗棍子”处有三匹马同时环绕，直至将“穆桂英”这个点绕完，然后围绕全场四个拐角点绕“∞”，绕完回到“穆桂英”这个点绕圈，再绕一遍四个拐角点结束。二是“二龙出水阵”，“穆桂英”同样站在长凳上居高临下，面前由“旗棍子”摆两排八个点，“神角”两两上场，先是在两排“旗棍子”中间并排走至“穆桂英”处分开，回到最末“旗棍子”处，形成蝴蝶状，即分成两支队伍，分别沿着“旗棍子”一个个绕圈，

① 梅兰芳：《我的新剧——〈穆桂英挂帅〉》，载梅绍武、梅卫东编著：《梅兰芳与京剧》，新世界出版社2016年版，第59—60页。

绕完“穆桂英”点处，再绕另一排“旗棍子”。在上场的最后一个“神角”即将绕完圈下场时，“穆桂英”即从长凳上跳下下场。

图3–6　“穆桂英挂帅”

三、“云长扫堂”

“云长扫堂”取材于《三国演义》中关羽千里走单骑的故事。建安五年（200），刘备起兵反曹失败，只身逃往河北投奔袁绍。关羽为了保护甘、糜二夫人，听从张辽劝说，约法三章，降汉不降曹，后来知道刘备下落，便辞谢曹操，挂印封金，单刀匹马护送二位皇嫂寻刘备而去。但此去路途坎坷，先后遭到曹操部将孔秀、韩福、孟坦、卞喜、王植、秦琪等人的阻拦，关羽被迫过五关斩六将，排释误会，才得与刘备、张飞相会于古城。从屯土山降曹到古城会聚义，关羽的忠肝义胆和委曲求全跃然于纸上，“这样也给读者留下了一连串惊心动魄、感人至深的精彩情节：挂印封金、赠袍挑袍、过五关斩六将、古城会、斩蔡阳、收关平周仓、赵云归刘等等，从而使这一部分成为《演义》中最深入人心、脍炙人口的章节之一”。①

根据关羽千里走单骑的故事情节，皖南圩区“马灯”将其拆分为护

① 林成西、许蓉生：《〈三国演义〉中的文化密码》，巴蜀书社2018年版，第165页。

送二位皇嫂和千里走单骑两个部分进行呈现，共同构成“云长扫堂”的基本内容。“云长扫堂”为皖南圩区“马灯”场地表演的高潮，也是象征结束的最后一个阵式，前文已有详述，先是上场绕“∞”，象征着护送甘、糜二夫人，然后是绕场疾跑“扫堂”去秽气，将千里走单骑、过五关斩六将的传奇故事栩栩如生地展现在乡间稻场上。

图3-7 “云长扫堂”前半部分

由此可见，皖南圩区“马灯”的表演阵式不是凭空创造的。其每一个阵式都有来源和出处，只可惜由于缺乏历史的记录，以及在民间传承过程中的自然遗失，使得现阶段无法进行一一考证和展示，希冀将来能够还原这全部一百零八种阵式。但就现有考察来看，皖南圩区“马灯”表演阵式的创造，具有极为丰富的历史内涵和深刻的文化寓意。在阵式的编排上，通过采用简单的绕“∞”方式，加以朴素的改编，并融入历史演义故事情节，便将这些传奇英雄人物的忠孝节义形象刻画得入木三分。从中还可以看出，皖南圩区“马灯”表演阵式的选材，受明清历史演义小说和戏曲的影响颇深。

第三节 精神内核及其价值取向

任何表象之下都隐藏着实质，表象的呈现是建立在实质的基础上的，但只有剥开表象才能看到实质。如同皖南圩区“马灯”，自成一格的仪式活动、色彩斑斓的“神角”队伍和气势磅礴的场地表演，都只是民俗表象。要知道“任何一个风俗事象，都不是无缘无故发生的”[①]，它必然是内核与外壳的统一体，所以在这些表象之下，必然隐藏着该种民俗的精神内核和圩民群体的价值取向。从反向的视角来看，精神内核与价值取向的双向互动，恰好为皖南圩区“马灯”注入了灵魂，这才得以塑造其表象。

一、英雄崇拜

从精神内核上理解，皖南圩区“马灯”首先体现出圩区民众集体的英雄崇拜情结。目前已知的二三十位“神角”人物，主要来自三国、隋唐和两宋时期，涵括了明清历史演义小说中受人喜爱的蜀汉、隋唐英雄人物和薛家将、杨家将、岳家将三大家将英雄人物。这些传奇英雄人物及其故事，至今为皖南圩区民众所津津乐道，尤以勇敢多情的巾帼英雄穆桂英、聪明睿智的千古奇才诸葛亮和忠义勇武的完美化身关羽备受推崇。这样大规模对古代传奇英雄人物的崇拜，在传统民俗活动中较为少见，这也体现了皖南圩区“马灯”的特别之处。

之所以有如此重的英雄崇拜情结，可能源于皖南圩区民众对超越凡俗的现实需求。一方面，皖南圩区多发洪涝自然灾害，生存环境并不友善，往往破圩之后尽成泽国，“埂内的屋料、杂树、棺材、人畜尸体，被大风吹飘（漂）在水面，触目皆是”[②]，而且洪水过后满目疮痍，甚者秋收无望，饿殍遍野。另一方面，皖南圩区作为太平天国农民战争的主战场之一，经此兵燹，其地经济和社会近乎崩溃，“纵有城池克复一两年者，田地荒芜，耕种无人，徒有招徕之方，殊乏来归之户”[③]。加上灾难

① 仲富兰：《风俗与信仰》，复旦大学出版社2012年版，第7页。

② 刁光斗、程宗安：《1931年金宝圩破圩和修复》，载宣州市政协文史委员会编：《宣州文史资料》第三辑，1988年编印，第102页。

③（清）曾国藩著，（清）李瀚章编：《曾国藩奏折》，（清）李鸿章校刊，中国致公出版社2011年版，第331页。

伴随着瘟疫，给皖南圩区民众的生存带来巨大挑战。面对这些苦难遭遇，在传统社会生产力低下而无法应对的时候，人们自然寄希望于超越凡俗的力量，于是产生对英雄的崇拜心理。

但这种英雄崇拜不是盲目的，它有很强的选择性和目的性。中国古代历史漫长，其间传奇人物辈出，有历史文献记载的亦不胜枚举，但皖南圩区“马灯”不过二三十个“神角”人物，数量极其有限，这就需要人们带着目的去进行筛选。亦如前文所述，这些被选取的皖南圩区“马灯”人物，不管是有历史原型，还是为后人虚构，都具有强烈的故事性，而且这种故事性能为民间教化提供正面素材。

当然，故事性不是皖南圩区“马灯”人物选取的决定性因素，它应该是多种因素共同作用的结果，其中明清演义小说和戏曲的影响尤为关键。皖南圩区“马灯”人物及其故事情节，很多并非出自正史记载，而是源于在宋元话本、杂剧基础上再创作的明清演义小说和戏曲，“五马破曹”“穆桂英挂帅”和“云长扫堂”等无不如此。再说程敬思这个人物，原型为唐僖宗时河东监军陈景思，后迁为代北起军使，在击破黄巢、入关勤王过程中发挥过重要作用。但其人其事鲜为人知，在民间的影响力远不及其他皖南圩区“马灯”人物，之所以能够入选，在很大程度上得益于小说《残唐五代史演义》和戏曲《沙陀国》的广泛流播。其他人物也是如此。

只在个别情况下，出于英雄崇拜的实际需要，会对人物形象进行重塑。譬如吕布，在正史记载和文学创作中均非正面形象，给后人以有勇无谋和不忠不义的深刻印象，至今背负着“三姓家奴”的恶名，千百年来“将其作为一个负面形象来批判的思想是一以贯之的”[①]。这样一个人物形象严重背离了忠孝节义思想主题，理应无法入选皖南圩区“马灯”人物，但是话本、小说对吕布形象的描绘，丑化中又让世人看到其骁勇善战和英俊潇洒的一面，“人中吕布”形象深入人心。除此之外，皖南圩

① 唐良鹏：《论吕布形象单一化的演变过程》，《重庆文理学院学报》（社会科学版）2017年第4期，第59页。

区“马灯”对吕布形象的塑造，还在于推崇他和貂蝉的伉俪情深。在三国系列故事中，貂蝉为司徒王允义女，为报答其养育之恩，遵照其连环计，周旋于董卓和吕布“父子”之间，成功离间吕布反目刺杀董卓，为国除害，此后嫁给吕布为妾。于是，“吕布戏貂蝉”这般英雄和美人之间戏曲性的爱情故事，一经搬上戏曲舞台，“在以金戈铁马为主的三国故事中，别具情致，每为观众所称道”[①]，引起人们对英雄配美女式美好爱情的无限向往。正因如此，吕布和貂蝉一道成为皖南圩区“马灯”神角人物。

所以，由皖南圩区“马灯”体现出的，皖南圩区民众对古代传奇英雄人物的崇拜，其原因是多方面的。这既有在恶劣生存环境中对超越凡俗力量的渴求，也有在平凡人世间对建功立业的寻求，更有在男耕女织社会中对美好爱情的追求。统统这些促成了皖南圩区民众对古代传奇英雄人物的重新塑造和集体崇拜，并通过“马灯”这一民俗实体呈现出来。

二、多神信仰

皖南圩区“马灯”体现的第二个精神特质是多神信仰。在皖南圩区“马灯”这一个空间场域中，除了设坛供奉“马明大王”和道教诸神之外，还同时尊崇二三十位来自不同时期和不同故事系统的“神角”，两相叠加，足以说明皖南圩区民众并非崇信单一神灵，而是秉持对多神的信仰。

皖南圩区民众的多神信仰，从地方志等资料记载中也可以得到佐证。皖南圩区既是移民社会，更是圩田水利社会，除了建有各地普遍存在的城隍庙、岳王庙、包公庙、文昌宫等，供奉城隍、岳飞、包拯、张亚子等神灵外，还建有八蜡庙、将军庙等祭祀驱蝗神刘猛，建有祀山殿、祠山庙等祭祀祠山神张渤，建有三神庙、杨泗庙、龙王庙、水府庙、晏公庙等祭祀各路水神。另外修建祠堂等祭祀治圩有功的官绅，如当涂县知县朱汝鳌和云骑尉周溶、南陵县知县钟瀛和沈尧、太平府知府陈云等。

① 来新夏、马铁汉主编：《谈史说戏》，山东画报出版社2016年版，第69页。

“这些祭祀之神都是圩民心目中保佑圩区风调雨顺，为农业、渔业兴旺发达而消灾消难的庇护之神，深得圩民信奉。”①

多神信仰的形成，源于风俗文化的继承和积累。皖南圩区开发的历史悠久，“今青弋江、水阳江下游一带的当涂大公圩、宣城金宝圩、芜湖万春圩等圩的前身均始筑于三国时期”②，至皖南圩区“马灯”兴盛的清末时期，已经历1600多年。期间虽然遭受多次自然灾害和战争的侵袭，但其风俗和文明整体得到延续，并且随着几次移民高潮的产生，不断融合外来文化，使本身趋于多元。长期的继承、积累和发展，才得以形成多神信仰的局面。

这种多神信仰现象在皖南圩区的存在，得益于民众的情感认同。多神信仰是中国传统文化不可缺少的基因，普遍存在于地方风俗文化之中，这对于皖南圩区作为移民社会来说是十分有益的，至少在文化融合的过程中少了排斥和斗争。不唯如此，“圩民对自身生存环境的关注，对自然环境的敬畏，同时也达到和睦乡邻的作用”③，也会促使相互理解和包容，甚而接受对其他神灵的信仰。如清光绪年间，福建旅芜商人在陶塘西岸捐资建造天后宫，祭祀海神妈祖，将东南沿海一带的信奉移至内陆，未曾遭到故意排斥和恶意损毁，“又保丰圩南坝有天后宫，光绪十年重修”④。

信仰多神，虽各有缘由，但也极易造成信仰混乱，为求共存必然要找出同一性。从表面上看，皖南圩区“马灯”人物均为中国古代传奇英雄人物的代表，这是他们的一个共同点。但从更深层次来看，皖南圩区“马灯”人物及其故事背后，隐藏着忠孝节义思想，为封建时代维持圩区社会秩序所必需。所以，这些“神角”人物看似不相关联，但也存在共

① 赵崔莉：《清代皖江圩区社会经济透视》，安徽人民出版社2006年版，第259页。

② 安徽省地方志编纂委员会编：《安徽省志·水利志》，方志出版社1999年版，第412页。

③ 赵崔莉：《清代皖江圩区社会经济透视》，安徽人民出版社2006年版，第259页。

④ （清）梁启让修，陈春华纂：嘉庆《芜湖县志》卷四十《庙祀志·庙坛》，民国二年（1913）翻印本。

通之处，这便是他们得以在同一个空间场域共存的基本前提条件。

三、主神意识

皖南圩区“马灯”体现的第三个精神内核是主神意识。皖南圩区“马灯”有两个主神系统：第一个是象征“马灯”外在的主神系统，以“马明大王”为主神，这是“马灯”区别于其他灯种的一个显著标志，但它的功能也仅限于此；第二个是显示“马灯”内在的主神系统，通过融合鬼神观念、道教思想、文学故事、戏曲元素和民间信仰等，另外创造出一套能够自圆其说的神灵体系，并以关羽为主神。这两个主神，前者被供奉在灯堂，只有一个牌位，完全是静态的，鲜为人知；而后者作为“神角”行动，有活生生的载体，是动态的，更为人所关注。问题在于，将“马明大王”作为主神祭祀的原因是显而易见的，但将关羽作为“神角”人物的主神信仰是何原因呢？

首先，关羽在民间信仰体系中的地位极高。一般认为，关公信仰源起于南北朝时期，其时仍以人的形象存在，隋唐时期由人入神，进入武庙配享，但地位无足轻重。宋元时期在民间形象重塑的影响下，从宋徽宗开始封王加爵，由神侯到神王，在民间信仰体系中的地位得以确立。明时晋爵为神帝，位极人神之首，与孔子同尊，清时进一步抬高，“屡加封号，庙祀遂遍天下”①。皖南圩区各地也都建有关帝庙，地方志多有记载。关公信仰在民间可谓盛极一时，从南到北，“凡儿童妇女，无有不震其威灵者，香火之盛，将与天地同不朽”②。

其次，关羽集多种信仰和崇拜于一身。为了扩大影响力，儒佛道三家兼容吸收关公信仰，将关羽纳入各自的神灵体系予以加封，儒家尊其为关圣、关夫子，佛家封其为护法伽蓝神，道家奉其为三界伏魔大帝神

---

①（清）王嵩儒：《掌故零拾》卷一《译书》，转引自朱一玄、刘毓忱编：《〈三国演义〉资料汇编》，南开大学出版社2012年版，第615页。

②（清）赵翼：《陔余丛考》卷三十五《关壮缪》，栾保群、吕宗力校点，河北人民出版社1990年版，第623页。

威远震天尊关圣帝君，故有楹联曰：“儒称圣，释称佛，道称天尊，三教尽皈依，式詹庙貌长新，无人不肃然起敬；汉封侯，宋封王，明封大帝，历朝加尊号，矧是神功卓著，真所谓荡乎难名。”[①]这就能够解释为何皖南圩区民众既称关羽为“关公”，又称其为“大菩萨”。有清以降，关公信仰向社会各阶层扩散，其职能趋于泛化，尤以农民奉为“御患灭灾、保佑风调雨顺的神灵”[②]，这是皖南圩区“马灯”中其他人神无可比拟的。

最后，关羽是“忠义”的楷模和化身。“忠义”二字是关公信仰的核心，最为人所称道，关羽也因此成为全民信仰的万能之神，“掌儒释道教之权，管天地人才之柄，上司三十六天星辰云汉，下辖七十二地土垒幽酆，秉注生功德延寿丹书，执定死罪过夺命黑籍，考察诸佛诸神，监制群仙群职，高证妙果无量度人”[③]。又因为“关公的神性、神格以及行为、功用与封建的伦理道德相一致”[④]，宋徽宗以来历代封建统治者奉为神明。千百年来，能享此恩宠和殊荣的人神，可谓凤毛麟角。

图3–8　“马灯”中的“关公”

① 王楚香编：《古今楹联大观》卷五《庙祀·武庙》，上海文明书局1936年版，第13页。

② 宋洁：《关公形象演变研究》，中国戏剧出版社2017年版，第3页。

③《三界伏魔关圣帝君忠孝忠义真经·星集九》，载李一氓编：《藏外道书》第4册，巴蜀书社1994年版，第273页。

④ 郑土有：《关公信仰》第2版，学苑出版社1995年版，第63页。

小　结

皖南圩区“马灯”拥有一支由二三十位中国古代传奇英雄人物组成的“神角”队伍。这些“神角”主要来自《三国演义》《说唐演义全传》《残唐五代史演义》《薛家将》《杨家将》《说岳全传》等明清历史演义小说中的人物。其中有的有历史原型和正史记录，有的是文学创作虚构，横跨三国、隋唐、两宋千年历史时期，有着不同的故事系统。这看似风马牛不相及，却在皖南圩区“马灯”中神奇般地得以共存。

究其原因，从表面上看，皖南圩区“马灯”打造了一个能够自圆其说的空间场域。通过挖掘故事细节，并结合鬼神观念，以“太保”执令旗作开头，以“刘关张”三结义作结尾，中间以故事系统和时间先后为序，汇集了三国和唐宋群英。如此一来，就形成了一支由“太保”领衔，不同时期的传奇英雄人物共存，以维护“刘备”为代表的仁义君主这样的“神角”队伍。

皖南圩区“马灯”在原有故事情节的基础上，进行加工改造，演绎出了各种表演阵式。如“五马破曹”“穆桂英挂帅”“云长扫堂”等，在明清历史演义小说和戏曲中均能找到出处。可见皖南圩区“马灯”的场地表演阵式不是凭空想象出来的，而是通过绕“∞”这种简单的方式，将演义故事予以全新呈现。

这些均赋予皖南圩区“马灯”极强的故事性，形成独特的精神内核和价值取向。其首先体现出圩区民众浓厚的英雄崇拜情结，甚至对原有负面人物进行了形象重塑；其次体现出多神信仰的特质，在多个神灵中找到共存的同一特性；最后体现的是主神意识，尤以关公信仰融入其中，借用“忠义”文化重塑圩区社会伦理秩序。这既反映了皖南圩区“马灯”对故事情境进行设计和构建的内在逻辑，也反映了皖南圩区民众对消灾消难和美好人生的心理诉求。

第四章　戏曲元素的融入与整合

戏曲元素的应用，是皖南圩区“马灯”最直观的表征。目之所及，装扮传统戏曲脸妆、行头和道具的“神角”，行走在田间小道和乡间稻场上，煞是好看。尤其是琳琅满目的行头，让人眼花缭乱。至于为何和如何融入戏曲元素，鲜少有人做深入的探究。但戏曲元素对于皖南圩区“马灯”而言，无疑有着重要的意义。在前文论述的过程中，已有多处涉及相关问题的讨论，整体来说并不成系统，无法很好地揭示皖南圩区“马灯”中戏曲元素的应用逻辑，因此，本章做一专门论述。

第一节　戏曲人物形象的借用与解构

皖南圩区“马灯”人物的外形塑造，主要借鉴于戏曲人物形象。如前文所述，明清历史演义小说和戏曲的广泛传播，对皖南圩区“马灯”的影响甚大。虽然没有文字资料直接证明，但从前文多方论述，以及人物形象外观上的相像，足以说明戏曲对皖南圩区“马灯”的影响匪浅。仅就人物形象来说，皖南圩区“马灯”并非完全照搬套用，也会根据自身的特点和逻辑，进行少量的解构和重构，形成具有自己风格和特色的人物形象。这具体可从行当、脸谱和行头三个方面稍作论述。

一、行当的划分与演变

行当为中国传统戏曲术语。其含义，一般认为是指“戏曲演员在表演过程中所扮演的角色类别，属于中国戏曲独有的表演体制”[①]。依据戏曲中人物的性别、年龄和外貌等自然属性，以及身份、性格和气质等社会因素，进行综合归类。传统戏曲行当的划分由来已久，最早可追溯至唐代的参军戏，有“参军”和“苍鹘”两个脚色，经过宋元杂剧和明代南戏的发展，至清初时形成“江湖十二脚色”。据《扬州画舫录》记载，“梨园以副末开场，为领班。副末以下，老生、正生、老外、大面、二面、三面七人，谓之男脚色；老旦、正旦、小旦、贴旦四人，谓之女脚色；打诨一人，谓之杂”[②]，行当划分趋于成熟。其后，京剧诞生时承袭徽剧和汉剧旧制，形成“十行角色”，后来经过几番演变，最终整合为生、旦、净、丑四大行当，各又分为若干门类。

若将传统戏曲行当作为参照，皖南圩区“马灯”则有着较为清晰的行当划分。生行中，财神童子、元宝童子、“模云童子”和“太保”等为娃娃生，李克用、刘备为王帽老生，程敬思、杨六郎、诸葛亮等为袍带老生，黄忠等为挂靠老生，杨宗保、薛丁山、赵子龙等为长靠武生，关羽为红生；旦行以穆桂英、樊梨花、梁红玉等刀马旦为主，辅以貂蝉、金枝等花旦；净行主要有张飞、姜维等扮演的武净；丑行则有两位车夫（或称国舅）。另有未“上马”而打“旗棍子”的，在戏曲中俗称跑龙套的，为流行。由此可见，皖南圩区“马灯”基本涵盖了传统戏曲的主要行当。

对于有多重脚色的，皖南圩区“马灯”一般做最优选择，以突显人物的身份和性格特征。比如李克用一角，原为大花脸，在徽剧《太平桥》中应工红净，后在京剧《珠帘寨》中改为老生行当，有挂靠和王帽两种，又因其人在乾宁二年（895）被唐昭宗李晔封为晋王，故而皖南圩区民间一向称之为李晋王，正因如此，皖南圩区“马灯”将其归为王帽老生。

① 李红梅：《中国戏曲理论与表演艺术实践研究》，湖南师范大学出版社2018年版，第150页。

② （清）李斗：《扬州画舫录》卷五，汪北平、涂雨公点校，中华书局1960年版，第122页。

又如杨六郎，在戏曲中有武生和老生两种，由于在皖南圩区“马灯”中与杨宗保同在场，构成父子档，所以择其为袍带老生。再如“太保”的行当划分，根据其行头特征，属于文、武小生和文老生混同，但综合故事情节、人物功能和脸谱特征，前文将其划入娃娃生行当。

皖南圩区“马灯”人物虽有行当之别，但并无戏曲行当特定的表演程式。戏曲中不同行当在唱、作、念、打等表演技巧方面均有不同程式，“生旦有生旦之体，净丑有净丑之腔”①。但是，皖南圩区“马灯”不分行当技巧，有统一的表演套路。所以，戏曲行当在皖南圩区“马灯”中的应用，主要体现为艺术审美和故事情节的需要，这与戏曲有着很大的不同。

二、脸谱的移植与勾画

为了塑造人物形象，皖南圩区“马灯”进一步移植了戏曲脸谱。戏曲脸谱是戏曲演员塑造人物形象的一种造型手段，它有一定的规法和谱式，“源于宋代歌舞中的画面，经过戏曲演员的长期实践，逐步把各种人物画脸的图案加以归纳分类订成谱式”②，其中京剧脸谱为集大成者，尤以写意和夸张而著称。戏曲脸谱的谱式多样，“系根据剧中人物特定的外貌、性格甚至身份、经历、品格加以设计的”③，可以将人物的身份、性格、品质等特征鲜明地展示出来。从这一角度来看，传统戏曲脸谱艺术的发展成熟，大大丰富了皖南圩区“马灯”塑造人物形象的手段。

同戏曲一样，皖南圩区“马灯”也通过脸谱来展示人物的品性。脸谱艺术经过戏曲艺术家长期的实践、丰富和发展，摆脱了形式单一的窠臼，在民间传说和历史演义小说、话本中描绘的人物形象的基础上，从形式、颜色和勾画技巧等多个方面寻求艺术效果上的突破，使脸谱艺术

① （清）李渔：《李渔全集》第三卷《闲情偶寄》，浙江古籍出版社1992年版，第22页。

② 翁偶虹：《戏曲脸谱的特殊艺术》，《今日中国（中文版）》1988年第8期，第45页。

③ 张仃主编：《中华民间艺术大观》，湖北少年儿童出版社1996年版，第362页。

从写实走向象征。特别是颜色的丰富和固定，成为人物品性的显著标志。比如，“以红脸的关羽为典型性格，就规定了红色表示忠勇正义；以黑脸的张飞为典型性格，就规定了黑色表示直率鲁莽……”[①]这些具有代表性的用色，在刻画人物品性方面带来了非常好的艺术效果，为皖南圩区“马灯”所吸收。

但是，皖南圩区“马灯”人物以俊扮为主。俊扮也称洁面、素面，一般应用于生、旦两行，生行中“除红生及勾脸武生彩扮（勾绘脸谱）外，均用俊扮化妆”[②]。俊扮大抵千人一面，与净、丑两行脸谱的多姿多彩有所不同，只用红、白、黑三种颜色，略施脂粉，着力表现人物面貌的端正和清秀。其化妆程序也相对简单，一般为上底油、打底色、揉红、描眉勾眼和涂唇等。生行另要画顶膛红，且不同门类略有区别，如娃娃生在眉心上方点一个红色圆点，武生由眉心直上画一个红色枪尖，老生在眉心处画倒“Y”形红色线条，儒生则画一个弧形红色线条。除此之外，皖南圩区“马灯”还有新的创造，即以画片子取代贴片子，将生行特有的画顶膛红移植给刀马旦，并将武生和儒生的顶膛红样式做了一个结合，形成刀马旦专属的十字弓箭形。[③]

图4-1　皖南圩区“马灯”中武生和刀马旦的脸妆

① 翁偶虹：《脸谱概谈》，《人民戏剧》1980年第3期，第43页。

② 吴同宾、周亚勋主编：《京剧知识词典》，天津人民出版社1990年版，第116—117页。

③ 不同“马灯师傅”画出来的顶膛红样式也会不同。

皖南圩区“马灯”人物上妆一般由“马灯师傅”负责。由于“马灯师傅”并非职业化妆师，使得化妆效果存在较大差异，而且普遍较为粗糙，美感不强。近些年来，为了提升化妆质量，少数“马灯”队配备了专门的化妆师，并且跟队补妆，效果显著，大大增强了人物美感。

三、行头的保留与改造

行头是皖南圩区“马灯”塑造人物形象的重要手段和工具。它源于戏曲名词，为戏具的统称。旧时“行头分衣盔杂把四箱”[①]分别放置，包括蟒、靠、帔、褶、盔、帽、巾、靴、髯等服装和佩饰，以及旗、鞭、扇、剑、枪、锣、鼓等各色道具。行头中，特别是戏服，是由历代戏曲艺术家对古代日常服饰提炼、美化而成的，一般不受时代、地域和季节的限制，“只受角色的身分（份）和行当制约”[②]。行头的造型和用色，与人物的身份特征相切合，成为人物象征的另一个符号，故有“宁穿破，不穿错”[③]之说。

皖南圩区“马灯”保留了行头的主要要素，适当加以改造。由于皖南圩区“马灯”服装要体现马的特征，所以用竹篾扎成马头和马身，又用竹篾将马身隔成三段，并用白布将马头和马身前后两段蒙起来，其中关羽的马头和马身必须用红布，象征赤兔马。这种象征马的造型，在戏曲发展演变的过程中逐渐被简化，最终为马鞭和动作表演所代替，但皖南圩区“马灯”保留了这一象征性元素。又由于竹马须绑在“上马”队员腰间，以戏曲服装遮住，所以必须对一般的戏曲服装加以改造，使其前短后长，这样穿戴起来，既能露出马头，又能覆盖住马身。另配以专属兵器或扇子，以及一支用竹根编制的马鞭，夜间则分发一只“香灯笼”捧着。这些道具与戏曲基本无异，唯“叉姑娘”的马车造型有所改造，

① （清）李斗：《扬州画舫录》卷五，汪北平、涂雨公点校，中华书局1960年版，第133页。

② 吴同宾、周亚勋主编：《京剧知识词典》，天津人民出版社1990年版，第66页。

③ 吴同宾、周亚勋主编：《京剧知识词典》，天津人民出版社1990年版，第380页。

用木头做成一个简易梯形板车，尾端延伸为车手，在“云长扫堂”表演时，利于丑角挽拉，在前端钉上几块木板，刷上红漆，并在木板上粘一双小儿绣花鞋，用红布盖住。“叉姑娘”的服装用色通常为一红一绿，或一粉一绿，佩戴无顶大檐帽，与简易梯形道具构成马车象征。笔者也曾见过“叉姑娘”有轿顶的，但不常见。鞋靴方面，以前有纳制绣鞋，但考虑到农村道路、天气和舒适等因素，现在一般穿着运动鞋，阴雨天也有穿胶鞋的，整体已经舍弃了戏曲鞋靴。而且随着时代的发展，行头的制作材料得以不断改进，逐渐趋于轻便化。

图4-2　丑角和“叉姑娘”

皖南圩区“马灯”行头是通用的。一个“马灯”队只有一套行头，“上马”人员需要轮流着换穿。又由于皖南圩区“马灯”行头的造型和样式基本固定，所以不用专门定制。一般在“兴灯”之后临时购买，或者向其他有旧行头的村子租用。随着圩区民众收入水平的提升，选择直接购买新行头的“马灯”队越来越多。新行头相比于旧行头，色泽更为艳丽，更能博得观众眼球。

第二节 戏曲叙事范式的观照与借鉴

皖南圩区“马灯”有着双重叙事系统。作为民俗事象，皖南圩区“马灯”有一套结合精神意识和仪式行为的叙事范式，带有一定的傩的属性和特征。但是，就人物及其表演部分来说，又是另外一种叙事范式，体现了很强的故事性。这种叙事范式，建立在明清历史演义小说和戏曲故事内容的基础上，通过借鉴传统戏曲叙事范式，将故事内容以独特的民俗方式呈现出来。

一、叙事时空的流转与归一

皖南圩区“马灯”虽无故事文本，但同样存在叙事时空。纵观传统长篇古典小说和戏曲剧本等作品，在作者进行整体架构的时候，往往首先构建一个较为宏大的时空背景，在这个整体的时空下又制造若干个时空片段或场景。尤其经过戏曲舞台的展示，剧本中的时空变得更为直观。皖南圩区“马灯”取材于明清历史演义小说和戏曲，继承了其中的叙事时空惯性。而且从人物和表演这两个视角出发，可以看到皖南圩区“马灯”存在两条时空线索：一条是显性的，直接体现在场地表演中间；另一条是隐性的，隐藏在人物形象和背景当中。

同戏曲一样，皖南圩区“马灯”的叙事时空按一定的方式流转。“中国戏曲重视叙事文学所具有的那种时间和空间的转换自由”[①]，在叙事过程中甚至呈现出速度较快的流转，往往直接简约乃至压缩叙事的物理时空。对比之下，皖南圩区“马灯”有过之而无不及。一是其显性的时空流转极为迅速。场地表演部分由若干个走阵组成，每个走阵都含有故事性，故事背后即有特定的时空。为了实现不同时空的流转，皖南圩区“马灯”演完一个走阵，便全员进入候场区，然后重新进场表演下一个走

① 张庚、郭汉城主编，何为副主编：《中国戏曲通论》，上海文艺出版社1989年版，第159页。

阵，也有的以全员绕场一周的方式。二是其隐性的时空流转接近于无，直接将不同时空以同一个规则组合在一起。于是可以看到唐末程敬思到沙陀李克用处搬兵勤王时空，紧连着北宋杨家将抗辽时空，其后连着南宋岳家将抗金时空，再连着隋唐英雄创业时空，最后连着三国英雄逐鹿时空。这些时空内部，以不同人物和情节出处，又有更小的时空流转，比如“吕布戏貂蝉”时空、蜀汉“五虎上将”时空和“刘关张”桃园三结义时空形成无缝连接。

皖南圩区“马灯”近乎不讲道理地快速的叙事时空流转，其目的是要呈现一个完整的叙事时空。就显性的时空来说，在以稻场为临时舞台的这个时空中，条件简陋，又与观众是近距离接触的，只有减少时空转换耗费的时间，才能最大程度地保留观众的耐心，提高观赏质量。隐性的时空流转，则快到足以令人忽略人物及其故事时空，便于突出一个统一的神鬼时空，为这些传奇英雄人物的共存制造合理性，又不给人以割裂或拼凑之感。

这两种叙事时空的流转，并无特别的技巧应用，甚至可以用简单粗暴来形容。但是，“古人叙事，讲究的是完整，却不一定讲究完备”①，相比于高明的留白等叙事技巧，极大地加快了叙事速度，反而达到了较好的艺术效果，也使得皖南圩区“马灯”的叙事时空趋于归一。

二、叙事结构的并立与联贯

皖南圩区“马灯”的叙事结构与其叙事时空有着相同的性质。以人物和情节为划分依据，呈现出团块状结构。一方面，可以看到不同历史时期的传奇英雄人物，即便不在一个故事情节当中，也以同一故事系统组团的方式出现；另一方面，场地表演内容的呈现，就是以一个走阵接着一个走阵的方式，也就是一个故事连着一个故事，如同戏曲舞台上一幕连着一幕，故而民间以册称之。这种团块状结构看上去是十分松散的，

① 董上德：《古代戏曲小说叙事研究》第2版，广东高等教育出版社2011年版，第49页。

虽然在内容方面有所支撑和丰富，但并不利于叙事的铺陈。

毕竟皖南圩区“马灯”同传统戏曲一样，讲究叙事结构的整体性。而且传统戏曲作家对叙事结构的整体性要求很高，既要做到“结构整体的集中单一”①，“毋令一人无着落，毋令一折不照应”②，又要处理好各个组成部分之间的串联，“如无缝天衣”③。这是因为，“整个故事的意义产生于各部分情节之间的联贯”④。简单点说，没有各个故事情节之间的联贯，便构不成一个完整的故事。从这个角度分析，皖南圩区“马灯”在追求叙事结构整体性的同时，还注重内部组成部分之间的联贯。

但问题在于，皖南圩区“马灯”的叙事结构没有明显的联贯表征。传统戏曲理论认为，联贯在整个叙事过程中扮演着重要角色，“大概起要美丽，中要浩荡，结要响亮，尤贵在首尾贯穿”⑤。以此条做对照，无论是人物故事情节方面，还是场地表演内容方面，皖南圩区“马灯”均有首、腹、尾三部分结构。但是，两条线的三部分结构各有故事系统，表面上不相关联，尤其是首尾不相顾，如程敬思沙陀搬兵与关羽护送二位皇嫂没有任何故事情节上的联系。皖南圩区“马灯”好像也没有采用什么特殊手段，来串联不同的故事情节和故事系统，看上去只是生拉硬拽般地组合在一起。

其实不然，皖南圩区“马灯”叙事结构的联贯，主要是精神上的相通。明末清初戏曲家李渔称此联贯法为“无断续痕”，“即于情事截然绝不相关之处，亦有连环细笋，伏于其中，看到后来方知其妙，如藕于未

① 郭英德：《探寻中国趣味：中国古代文学之历史文化思考》，商务印书馆2017年版，第674页。

②（明）王骥德：《曲律》卷三，载中国戏曲研究院编：《中国古典戏曲论著集成》第4册，中国戏剧出版社1959年版，第137页。

③（明）祁彪佳：《远山堂曲品》评王元寿《空缄记》，载中国戏曲研究院编：《中国古典戏曲论著集成》第6册，中国戏剧出版社1959年版，第42页。

④ 刘二永：《论中国古典戏曲叙事联贯理论》，载《中华戏曲》编辑部编：《中华戏曲》第53辑，文化艺术出版社2016年版，第301页。

⑤（元）陶宗仪：《南村辍耕录》卷八《作今乐府法》，李梦生校点，上海古籍出版社2012年版，第95页。

切之时，先长暗丝以待，丝于络成之后，才知作茧之精，此言机之不可少也”[①]。从人物叙事结构来看，皖南圩区“马灯”以忠孝节义为联贯线索，这也是其各个故事情节和故事系统共有的精神特征；从表演叙事结构来看，则以驱秽祈福为联贯线索。这二者都是精神主题，如同针线串联出整体，既体现了叙事结构的整体性，又使整个叙事呈现出动态的发展过程，有首、有腹、有尾，推动故事情节由开始发展到高潮，再走向结尾，起承转合之间，貌似都恰到好处。

三、叙事手段的复合式运用

皖南圩区“马灯”以戏曲叙事方法为渊薮。所谓叙事，简单点说就是讲故事。如何将故事讲得出来，并且讲得有章法，需要依靠一定的叙事方法。而且对于同一个故事，可以采用多种叙事方法进行讲述。长期以来，由于戏曲多根据小说改编，“戏曲形态往往也就内含着小说叙事的方式”[②]，而皖南圩区“马灯”又吸收了戏曲的养分，所以在叙事方法上有较大的选择空间。不过，作为民俗事象，皖南圩区“马灯”采用的叙事方法，与戏曲和小说还是存在一些不同，既不用文字书写，也没有声音演唱，主要在人物叙事和动作叙事的基础上，综合运用多种叙事方法。

其一，综合运用多种叙述手法。在人物叙事方面，皖南圩区“马灯”并没有直接地讲述故事，而是通过人物形象的展示，为观众制造想象空间，引导观众探寻人物背后的故事，这是一种间接叙述的手法。又以顺叙和倒叙、分叙和类叙、平叙和插叙结合运用，将人物以组团的方式按照一定的顺序进行排列，从而形成一个整体。其中，插叙主要运用在这么几处：一是根据《芜湖县志》记载的人物顺序，将韩信和萧何放在北宋杨家将和南宋岳家将之间；二是笔者重点调研的南陵圩区，普遍将吕

① （清）李渔：《李渔全集》第三卷《闲情偶寄》，浙江古籍出版社1992年版，第20页。

② 董上德：《古代戏曲小说叙事研究》第2版，广东高等教育出版社2011年版，第50页。

布和貂蝉放在南宋岳家将和唐代薛家将之间；三是以秧墩头村为代表的繁昌圩区，将郭暖和金枝放在三国英雄和唐代薛家将之间。动作叙事方面，主要以直叙为主，通过动作表演将故事内容直白地呈现出来。在叙事过程中，又采用重复和中断的叙事策略，带来收放自如的表演张力，增强了艺术表达效果。

其二，创设一定的故事情境。为了实现对演义小说和戏曲故事的重新演绎，皖南圩区"马灯"擅长运用简单素材再造故事情境。如在"穆桂英挂帅"表演中，仅仅用一条长凳和几个"旗棍子"，便将穆桂英沙场点兵的故事情境构建起来。又如"五马破曹"表演中，以挥舞马鞭疾走和驻足甩三下马鞭的形式，建立起大战曹操的战场情境。再如"云长扫堂"前半部分表演，融合"叉姑娘"及其专属道具和绕"剪子角"走步，完美营造了关羽护送二位皇嫂的故事情境。

其三，适当发挥丑角的科诨作用。传统戏曲中常有插科打诨的情节设计，游离于特定的故事情境之外，活跃现场气氛，引起观众兴趣。此类科诨行为主要由丑角完成。据《扬州画舫录》记载："丑以科诨见长，所扮备极局骗俗态，拙妇騃男，商贾刁赖，楚咻齐语，闻者绝倒。"①故有"无丑不成戏"之说。在皖南圩区"马灯"的场地表演中，丑角也发挥着这样的功能和作用，时常可以见到丑角上场嬉戏，以扇扇子的形式戏弄"女性神角"，当地人视此举为"下堂洗澡，找老婆"，实则以诙谐风趣的动作表演，增添情趣，以达到愉悦观众的目的，往往"逗得观众哄堂一笑"②。

第三节　戏曲音乐伴奏的融合与异化

皖南圩区春节民俗活动有着共同的音乐伴奏范式。长期以来，"龙

① （清）李斗：《扬州画舫录》卷五，汪北平、涂雨公点校，中华书局1960年版，第132页。

② 郭小刚：《皖南圩区"马灯"概说》，《中国音乐》2003年第1期，第104页。

灯”“罗汉灯”和“马灯”等不同灯种之间，通行一套统一的兴灯仪式，也有着相同的音乐伴奏。这种音乐伴奏范式，与皖南圩区红白喜事伴奏共通，特点鲜明，“只有器乐而无声乐”[①]。同时又与南陵目连戏武场音乐伴奏有相同之处，即“以鼓击节，用锣钹伴奏，不用丝弦乐器”[②]，少数地方辅以唢呐吹奏。至于内中情形，这里仅以“马灯”为例稍作论述。

一、乐器的简化和分类使用

皖南圩区“马灯”目前所使用的伴奏乐器较为简单，主要包括锣、鼓、钹、镲和唢呐等。这些乐器具有很强的乡土民间性和简单通俗性的特点，既便于购买和获取，又易于学习和上手。要知道，皖南圩区的“马灯”队员大多是临时招募，兴灯活动结束后即行解散。不同于传统戏班有相对专业的乐手，其乐手以感兴趣的村民临时组成，并无乐理知识基础，未受过专门训练，只在“圆场”的时候，由“马灯师傅”进行简单传授。而且“马灯师傅”一般也不通晓乐理，所传授的往往来自传承和经验，故而这些乐手难以驾驭复杂的乐器。如吹奏技巧丰富的唢呐，须经过专门的技法训练，一般村民不能驾驭，只能聘请民间专门吹奏唢呐的人。

或因如此，皖南圩区“马灯”的伴奏乐器不断被简化。虽无资料记载最初的伴奏乐器几何，但据笔者近来的田野走访考察，皖南圩区“马灯”确实存在减省伴奏乐器的现象。原先完整的前场伴奏乐器有大锣、小鼓、小锣、钹、镲和两支唢呐等，经过不断简化和减省，目前“最少只剩小鼓、大锣和钹三件乐器了”[③]。这与戏曲伴奏乐器不断被增加和丰富截然不同。但是，就现阶段情形来看，为了保证伴奏效果，伴奏乐器减省的趋势已经触底，前后场各三件乐器，另加两支唢呐，将长期成为

① 郭小刚：《皖南圩区“马灯”概说》，《中国音乐》2003年第1期，第104页。

②李林、侯启坤：《谈谈南陵的目连戏》，载政协南陵县文史办公室编：《南陵县文史资料》第六辑，1987年编印，第65页。

③ 郭小刚：《皖南圩区“马灯”概说》，《中国音乐》2003年第1期，第104页。

皖南圩区“马灯”相对固定的伴奏乐器搭配。

伴奏乐器虽被减省，但仍然分类使用，这是戏曲音乐伴奏的一大特色。以京剧为例，其伴奏有“文场”和“武场”之分。“文场”以管弦乐为主，包括京胡、二胡、月琴、小三弦、笛子、唢呐等乐器，作用是为演唱伴奏，以及演奏一些场景音乐；“武场”为打击乐，包括板鼓、堂鼓、大锣、小锣、铙、钹等乐器，“主要职能为配合演员的‘唱念做打’和烘托舞台气氛”①。但由于皖南圩区“马灯”没有文戏演唱，只有舞蹈、动作，故其“文武场”不能如戏曲一般依据表演内容的区别进行划分，而是根据在行进队伍中的前后位置划分为“前场锣鼓”和“后场锣鼓”②。

前后场锣鼓特点鲜明，各司其职。前场锣鼓位于行进队伍的前列，以小鼓、大锣、钹和唢呐为主，便于携带，演奏旋律灵活多变，用于行进途中演奏各种曲调和“绕灶”时伴奏；后场锣鼓，包括汤锣、堂鼓和铙三件乐器，其中汤锣和堂鼓都有木架子，由一名乐手肩挑着，走在行进队伍的最后面，伴奏音乐特点是节奏鲜明、音响高亢，只在场地表演时使用。前后场锣鼓均以锣鼓为主要乐器，与戏曲“文武场”有所不同，既各尽其职，又在队伍行进时形成首尾呼应。

图4-3　后场锣鼓配合“刘备”走圆场

① 么书仪等主编：《戏剧通典》，解放军文艺出版社1999年版，第675页。

② 当地方言称为“前场家伙”和“后场家伙”。

二、曲调的分类和灵活演奏

皖南圩区“马灯”所用曲调不多，相对固定。根据演奏的场合和作用，大致可以分为祭祀类、助兴类和伴奏类三种[①]。祭祀类曲调用于“绕灶”和进村后至演出场地行进中吹奏，助兴类曲调只吹奏于“出灯”途中，此二者均以唢呐为主导，并由前场锣鼓伴奏。伴奏类曲调则由后场锣鼓在场地表演时伴奏。

祭祀类曲调包括《神调》《大开门》和《小开门》。这些都是传统民间常用曲调，各有功用。《神调》留有古傩戏痕迹，主要吹奏于象征神鬼出场的场合，故通常“绕灶”时须吹奏《神调》。《大开门》曲调多用于戏曲中点将发兵、迎官接相和请神迎仙等情节，其乐句长短不一，“旋律起伏不大，语气较为平和，具有吟诵的特征”[②]。《小开门》流传更为广泛，演奏适应性较强，在戏曲中常用于祭拜、打扫、行路、更衣、拜贺等场面，以烘托欢愉或悲伤的气氛。这两种开门类曲调，主要在请神和进村后至“香火堂前”前后行进时吹奏，也用于当地红白喜事伴奏。

助兴类曲调相对丰富多变，即兴性很强。主要以唢呐吹奏民间流传甚广的各种“小调”，并由前场锣鼓即兴伴奏。所吹“小调”既包括《小放牛》《孟姜女》《梳妆台》《一枝梅》等传统民歌，又包括《十五的月亮》《九月九的酒》《流浪歌》等表达思乡情绪的时令歌曲[③]。此类曲调用于行路消遣，并不固定，其丰富多变程度完全取决于民间唢呐手的“小调”储备数量。一般唢呐休息之时，则由前场锣鼓单独演奏“长锤”助兴。

伴奏类曲调没有名称，由一个基本节奏和若干个变化节奏构成，灵活性较强。基本节奏包括四段，其中有三段重复，完整的节奏为“咣咚咣，咣咚咣，咚咚咚咣咚，咣咚咣”。变化节奏长短不一，一般为两三

① 郭小刚：《皖南圩区“马灯”概说》，《中国音乐》2003年第1期，第104页。

② 郭小刚：《皖南圩区“马灯”概说》，《中国音乐》2003年第1期，第105页。

③ 郭小刚：《皖南圩区“马灯”概说》，《中国音乐》2003年第1期，第104页。

段，运用于特定走阵的高潮处，如在“虾子戏水”的高潮处插入变化节奏两段，连续击打“咣咚咚咚咚”两次；“四马亲嘴”的变化节奏为三段，不重复，即“锵不隆咚咚，锵咚锵，咣咣咣”；“云长扫堂”的变化节奏有两种，前半部分走阵使用“咣当，锵锵锵”，后半部分“扫堂”使用“咣，咣，咣”。①

三、节奏的把控和变化呼应

伴奏音乐节奏的把控，对皖南圩区“马灯”场地表演的重要性不言而喻。“穿灯”好不好看，关键在于参演人员的精神状态和走阵气势的跌宕起伏，而这些因素全靠“锣鼓点子”的带动。俗话说“一台锣鼓半台戏”，在戏曲舞台上，“戏场锣鼓，筋节所关”②，控制着场上表演的节奏。所以，皖南圩区“马灯”队大多选择有一定锣鼓击打经验的年长者担任锣鼓手，鲜少让年轻人操纵锣鼓点。

其间节奏的变化，难于把控。虽然皖南圩区“马灯”的伴奏类音乐有一个简单的基本节奏，但须在不同走阵的高潮处插入不同的变化节奏，尤其“云长扫堂”时，一个走阵要插入两个变化节奏，存在一定的难度。更难的在于，锣鼓手还要时刻关注场上表演的进度，在适当时要加上速度和力度的变化，改变场上表演节奏，制造气氛，带动观众情绪。这就需要锣鼓手非常熟悉场地表演的全部走阵，才能拿捏到位。

为了达到变化节奏引起的艺术效果，后场锣鼓之间，以及锣鼓伴奏与场上表演之间，均要形成良好的互动和呼应。只有后场锣鼓节奏相同，锣鼓伴奏与场上表演步调一致，呼应顺畅，才能在基本节奏中顺利插入变化节奏，也才能使表演非常契合节奏的快速变化，呈现出较高的表演水平。

---

① 郭小刚：《皖南圩区“马灯”概说》，《中国音乐》2003年第1期，第105页。

② （清）李渔：《李渔全集》第三卷《闲情偶寄》，浙江古籍出版社1992年版，第95页。

小　结

皖南圩区“马灯”融入了很多戏曲元素。这是其作为民俗事象，给人最直接、最深刻的印象。尤其大家目之所及的皖南圩区“马灯”民俗载体，充满了戏曲元素，故而外在显性戏曲元素的应用，极易引起人们的关注。与此同时，内在隐性戏曲元素的运用，往往为人们所忽略。但是，显性和隐性戏曲元素的共同融入，才是皖南圩区“马灯”民俗实体得以形成的重要因素之一。

在人物形象塑造上，皖南圩区“马灯”主要从行当、脸谱和行头三个方面借用戏曲元素。首先，皖南圩区“马灯”人物可以按照传统戏曲行当予以划分类别，其以长靠武生和刀马旦数量为最，还包括娃娃生、王帽老生、袍带老生、挂靠老生、红生、花旦、武净、丑角和跑龙套的，但舍弃了戏曲行当特定的表演程式。其次，皖南圩区“马灯”以戏曲脸谱来象征人物品性，但由于生、旦两行数量占比较多，均用俊扮化妆，还以画片子替代贴片子，并创造了刀马旦专用的十字弓箭形顶膛红样式。最后，皖南圩区“马灯”保留了戏曲行头要素，加以改造，使之成为独特的皖南圩区“马灯”服装，并不断改进制作材料和工艺，使之趋于轻便化。

其又借鉴传统戏曲叙事范式，将故事内容以民俗的形式呈现出来。在继承戏曲叙事时空惯性的基础上，结合场地表演方面显性的和人物形象背后隐性的两条时空线索，实现叙事时空的快速转换，形成一个完整的神鬼叙事时空。内部叙事结构，没有明显的联贯表征，主要依靠精神上的相通，来推动故事情节的发展，使首、腹、尾串联成一个整体。并运用多种戏曲叙事方法，创设故事情境，适当发挥丑角的科诨作用，将皖南圩区“马灯”故事和盘托出。

在音乐伴奏方面，与戏曲有诸多共通之处。参照戏曲“文武场”的划分，皖南圩区“马灯”创造性地设置了前后场锣鼓，各司其职。前场锣鼓负责“绕灶”等祭祀伴奏和“出灯”途中助兴伴奏，后场锣鼓则专门负责场地表演伴奏。伴奏曲调不多，以戏曲和民间流行“小调”为主，有很强的即兴性和灵活性。在实际伴奏中，以“锣鼓点子”为主导，掌控场上表演节奏的变化，形成伴奏与表演之间的互动和呼应。

第五章　民俗功能的多元与新变

皖南圩区“马灯”作为一种民俗事象，其功能在于能够满足人们在社会生活和文化现实中的需要。所谓民俗的功能，是指“它在社会生活与文化系统中的位置，它与其他社会文化要素之间的关系，以及它所具有的客观效用”[①]。这种客观效用是民俗事象能否得到长久传承的关键所在，因此在人类学和民俗学家眼中，民俗事象的起源、内容和传播过程等均不是重要问题，他们所关注的重点是“民俗能为民众做些什么”[②]。从这一点来看，皖南圩区“马灯”兴起之时，就是因为人们驱邪逐疫的需要而产生，而且随着社会变迁而出现功能的嬗变，能够不断满足人们新的现实生活的需要。

第一节　多样化的民俗社会功能

皖南圩区“马灯”具有多重民俗社会功能。社会功能是民俗的固有属性和生命力，在民俗传承延续中发挥着重要作用。一般认为，民俗的社会功能是多方面的，包括历史功能、教化功能、规范功能、娱乐功能、审美功能、维系功能、认同功能和协调功能等。但考量皖南圩区“马灯”产生的实际效用时，可将其传统的民俗社会功能整合为社会教化、秩序

① 仲富兰：《中国民俗学通论 第1卷 民俗文化论》，复旦大学出版社2015年版，第100页。

② ［美］阿兰·邓迪斯编：《世界民俗学》，陈建宪、彭海斌译，上海文艺出版社1990年版，第389页。

规范、艺术审美和情感维系四个方面。

一、社会教化

皖南圩区“马灯”含有多种社会教化资源。教化功能是民俗的主要社会功能之一，究其内涵，指“民俗在人类个体的社会化文化过程中所起的教育和模塑作用”[①]。也就是说，民俗具有个人社会化过程中所需要的教育和模塑资源。根据前文对皖南圩区“马灯”仪式过程和构成要素的剖析，这一民俗事象包含着多个面向的社会教育和模塑所需要的因素，既有直接的，也有间接的，如宗族观念和道德伦理。

强化宗族观念，从始至终体现在皖南圩区“马灯”民俗活动中。皖南圩区开发较早，“姓氏比较集中，不少聚族而居的大姓”[②]，形成一姓一村落、一村一宗祠的聚落形态。据民国时期有关资料统计，仅南陵县一地便有宗祠380多座[③]，民国《芜湖县志》所载圩区宗祠也有80多座[④]。姓氏分布如此之集中，宗祠数量如此之多，足见以血缘和地缘相结合的宗族组织在皖南圩区的根基之深厚。而宗族的广泛存在，也为皖南圩区“马灯”活动的顺利开展提供了条件和保障。因为皖南圩区“马灯”以自然村落为组织单位，过往均以族长为领头人，尊崇族长权威。另外，参加者均为宗族内的男性，不准女性参与，强调男权思想。这些不成文的规定，使宗族观念得到进一步强化。

宣扬道德伦理，也是皖南圩区“马灯”民俗活动的应有之义。其一，皖南圩区“马灯”崇尚英雄，好善恶恶。通过对古代传奇英雄人物形象和品性的塑造，引领崇尚英雄的社会风气，劝人为善，同时增强人们辨别真善美和假恶丑的能力。其二，皖南圩区“马灯”推崇“忠孝节义”

---

① 钟敬文主编：《民俗学概论》第2版，高等教育出版社2010年版，第22页。

② 南陵县地方志编纂委员会编：《南陵县志》，黄山书社1994年版，第96页。

③ 谢国兴：《中国现代化的区域研究：安徽省（1860—1937）》，（台北）“中央研究院”近代史研究所1991年版，第72—73页。

④ 余谊密等总裁，鲍世期等监修：民国《芜湖县志》卷四十二《庙祀志·宗祠》，江苏古籍出版社1998年版，第142—145页。

思想。“忠孝节义”为儒家道德伦理的核心和精髓，在传统社会被视为道德伦理规范和行为准则，它贯穿于皖南圩区“马灯”的全部内容。因此，皖南圩区“马灯”的兴起，在实质上是传统社会的统治者教化百姓的民俗工具。

通过皖南圩区“马灯”民俗活动进行的社会伦理教化，其过程是动态的、耳濡目染式的。通常来说，民俗作为一种社会文化现象，先于个人而存在。个人从出生起，便处在民俗文化的熏陶当中，“就像鱼生活在水中一样，须臾不可离开”[①]。所以，民俗对个人道德品质的影响是一个长期的和动态的过程。这一过程主要依靠民俗事象重复出现而实现，从而使个人“完全依靠耳闻目睹和置身于民俗事象的无数重复中而心领神会”[②]，于是民俗文化在潜移默化中便完成了对个人的道德伦理教化。皖南圩区“马灯”也是以这样一种形式，通过对圩区民众进行长期的熏陶，才得以实现其社会教化功能。

二、秩序规范

皖南圩区“马灯”具有民俗的规范功能。人类社会存在多种形式的社会规范，包括法律、纪律、道德和民俗等层面。其中，“民俗是产生最早、约束面最广的一种深层行为规范”[③]，对社会群体中每个成员的行为方式都具有一定的约束作用。比如在皖南圩区“马灯”活动中，要求所有“出灯”人员忌踩门槛，只能跨过门槛。又比如在出村和回村时，所有“出灯”人员要“打草头”，以免秽气缠身。这些禁忌严格规范和约束着每个成员的行为方式，成为所有成员必须遵守和执行的一种群体的行为规范。

对个人和群体行为的约束，目的是要实现秩序规范。总的来看，皖南圩区“马灯”民俗活动的全过程，其秩序规范功能主要体现在三个层

① 钟敬文主编：《民俗学概论》第2版，高等教育出版社2010年版，第23页。

② 葛峰编著：《追根溯源话民俗》，河南大学出版社2005年版，第149页。

③ 钟敬文主编：《民俗学概论》第2版，高等教育出版社2010年版，第23页。

面：一是个人层面，通过设置禁忌等方式规范和约束成员的行为，且涉及日常生活的诸多方面。如对“关公”扮演者的要求最多，其言行举止皆要注意，尤其活动期间不能夫妻同房。二是社会层面，旨在维持宗族和乡村秩序。皖南圩区“马灯”活动以族长为倡议人和组织者，而“兴灯”的青年人由于在宗族内部缺乏威信，难以服众，往往请族长出面组建灯班，此惯习一直延续至今。通过树立族长权威，维持宗族内部秩序，压制各方“打坳”者，才能保障活动的顺利开展。同时，通过“兴灯”活动，能进一步加强族长权威，更好地维持宗族和乡村社会秩序。三是国家层面，目的在于维护基层社会治理。在传统社会，皖南圩区“马灯”宣扬的儒家道德伦理，以“忠孝节义”为核心思想，直接对成员的言行产生导向、约束和规范作用，对于重塑和维护基层社会治理秩序大有裨益。

然其所具有的约束力依赖于民俗的法约性效应。从皖南圩区“马灯”的规范作用机制来看，它主要通过特定的俗规俗信对成员施加影响，从而产生一种类似于但又不同于法律的效应。表面上看，所有成员及其亲属并没有被强迫接受这种行为规范，但现实的情形有所不同，生活在该民俗环境中的人，往往受到一种“软性的”又带有“强制性”的约束，如禁忌等，从而形成无形的规范压力，支配着人们的行为。

这种支配力量处于无形之中，很难为人们所发觉。民俗本就像一只看不见的手，对人们的行为加以控制。更何况，皖南圩区“马灯”对成员的约束和规范，大多来自圩区原有的风俗习惯，使人们易于接受并能自觉遵守。这是一个从思想到行为的过程。追根究底，民俗规范性作用的发挥，和其教化功能一样，首要在于对人的心理和思想产生潜移默化的影响，尤其是要让人们认同它的规范性，而不是反对甚至反抗这种规范力量。

三、艺术审美

皖南圩区“马灯”集中反映了皖南圩区民间艺术审美情趣。皖南圩区“马灯”是在融合傩仪、花灯、戏剧和地方习俗等多种元素基础上形成的独具特色的民俗事象。它不是简单地将各种元素组合在一起，而是有目的、有选择地吸收各种元素当中的营养成分，并结合处于嬗变之中的竹马文化，从而创造出的新的民俗事象。虽然从表面上看带有拼凑和嫁接的痕迹，但其内里更多体现的是杂糅与共生的性质。这种杂糅与共生，不仅需要创造者全面掌握民俗和戏曲的程式技巧，还需要具有高超的艺术审美能力，并且能够迎合观众的审美情趣。因此，皖南圩区“马灯”的诞生及其长期流行，恰好说明它与皖南圩区民间艺术审美情趣之间的双向互动，既生长于斯，又为其集中反映。

一是民俗审美。民俗具有审美功能，“能对社会成员心理产生悦耳悦目和悦神悦意的审美作用”[①]。这首先体现在对外部形态的感知，从感官上满足人们对美的追求。如皖南圩区“马灯”特定的服装造型和走阵表演，配以即兴灵活的曲调伴奏，将民俗之美映入观众耳目。其次通过民俗仪式实现人神共娱，使人们在心理上得到一种美的享受。民俗仪式贯穿于皖南圩区“马灯”活动的全过程，从请神、游神到送神，皆有程序和讲究，将人与神有效连接起来。人们在仪式参与和体验中，将心灵诉求寄托于神祇，从而达到悦神悦己的精神境界。

二是人文审美。皖南圩区“马灯”涵括多种文化元素，体现了多种人文之美。其一，皖南圩区“马灯”孕育于农耕文化之中，体现了农民对土地和家园的依恋和深情。如“圆水”和“模云”，以简单纯朴的方式，表达了人们对“五谷丰登”“人畜兴旺”的美好愿望。其二，皖南圩区“马灯”以关羽为主神，追求对古代传奇英雄人物的崇拜，歌颂和弘扬了古朴厚重的忠义文化，同时也表达了乡民对理想人格和人的价值的追求。由此可见，皖南圩区“马灯”虽然披着神鬼文化的外衣，但其内里终究蕴藉着人文关怀，形成独具魅力的乡土人文风景。

三是戏曲审美。皖南圩区“马灯”虽然舍弃了戏曲中的唱功、念白和程式化的表演动作，但也吸收了不少戏曲元素，同样具有戏曲的审美

① 吴忠军主编：《中外民俗与礼仪》，东北财经大学出版社2007年版，第6页。

特征。首先讲究形式美。皖南圩区“马灯”的形式美在于戏曲脸谱、服装和道具的运用，根据不同人物采用不同扮相，极大丰富了江南竹马民俗文化形态的美感。其次强调动作美。皖南圩区“马灯”非常注重场地表演动作是否到位，追求以单调的动作表演人物的性格和神态，力求写意传神。最后呈现舞台美。尽管表演在乡间稻场上，但皖南圩区“马灯”通过模拟舞台和以走阵讲演故事的方式，极力向观众展现戏曲舞台与众不同的美感。

四、情感维系

皖南圩区“马灯”在社会变迁中始终发挥着情感维系的功能。民俗的维系功能具有多个面向的效用，如统一群体的行为和思想，维系集体认同心理，保持社会生活的相对稳定。但这些效用的实现，必须建立在所有成员的向心力和凝聚力的基础之上，其关键在于情感的维系。从历史的纵向来看，不管社会变迁引起内外部环境如何变化，皖南圩区“马灯”作为一种民俗文化传承，其情感维系作用的发挥具有稳定性。这也是它区别于其他民俗事象的一个显著标志。

第一，维系了宗族成员之间的情感。皖南圩区“马灯”是以宗族为单位组织的民俗活动，毫无疑问是宗族集体的一项盛事。按照惯例，宗族内部男性成员均应参与，即便远在异国他乡，如无特殊情况，必须如期赶回。正因如此，对于如今长年外出求学、务工或者迁入城镇居住而鲜有交集的宗族成员而言，这是难得的回乡探亲和交流情感的机会。而且，经过一段时间的集体训练和相处，能够增进宗族成员之间的感情。这在宗族观念趋于式微、内部关系逐渐疏远的现代农村，有益于增强成员对宗族的认同感，保持宗族的向心力和凝聚力。

第二，维系了来往亲戚之间的情感。在农村，人们忙于劳作和生计，常常疏忽了亲戚之间的走动和交流，久而久之便生分起来。若要联络亲戚之间的感情，还须寻找一些走动的机会。皖南圩区“马灯”民俗活动恰好解决了这一问题，因为它不限于宗族和村落集体内部的自娱自乐，而要走出村子，去周边的村子，特别是成员亲戚所在的村子，玩灯祈福。进村以后，亲戚便在“马灯”表演场地送上礼金和礼品，燃放鞭炮，并找出“上马”亲戚“披红挂绿”，以示恭贺。如果有村子因为疏忽没有“接灯”，其族长或负责人当即会遭到这些亲戚的责难，因为村集体没有尊重并且伤害了他们亲戚之间的感情，必须赔礼道歉。所以当地有种“穿灯就是串亲戚”的说法。

第三，维系了自然村落之间的情感。在维系来往亲戚之间情感的同时，皖南圩区“马灯”民俗活动也联络了自然村落之间的感情。这种自然村落之间的民俗情感的建立和维系分为几种情况：第一种看重本行政村范围内自然村落之间的感情，所谓“远亲不如近邻”是也，故而一般“出灯”首日在本行政村范围内“穿灯”，然后再去其他区域表演，当然不去其他区域的也有不少。第二种是建立在来往亲戚关系之上的村落情感，主要是姻亲关系长期积累的结果。第三种是历史的机缘巧合造就的自然村落之间的情感关系，如一支“马灯”队进入别的圩口，由于亲戚关系少，没有提供饭食的，此时若有村子愿意提供，这两个村子便能结下友谊。后两种情况下，双方村落任何一方“兴灯”，另一方便会登门奉上“灯帖”邀请，并置办“灯酒”接待。

第四，维系了同姓宗亲之间的情感。在皖南圩区，不少同宗同族分散在不同圩口，或同一圩口的不同行政村，有各自聚居的自然村落，平时鲜少走动，只在宗族举办重大活动如重修祠堂和家谱时来往。所以，其中一支“兴灯”，其他宗支便会下“灯帖”邀请，准备“灯酒”，并敲锣打鼓迎接，路远的还要安排过夜。在你来我往中，同姓宗亲之间的感情得以联络和维系。

图5-1　吃“灯酒”

第二节　民俗功能的现代化嬗变

随着社会变迁，皖南圩区“马灯”的部分传统民俗功能出现新的变化。改革开放以来，农村经济社会不断进步，村民科学素质稳步提升，使得传统民俗活动中许多落后的、不科学的甚至带有封建迷信色彩的内容遭到减省、革新或遗弃。这种变化同样反映在圩区民众对“兴灯”活动的需求和目的方面，引起皖南圩区“马灯”的部分传统民俗功能，如经济功能、娱乐功能等，向现代化嬗变，并且在现代化的社会生产和生活实践中产生新的民俗功能，如体育功能、旅游功能等。

一、经济功能

皖南圩区“马灯”的经济功能愈发突出。从皖南圩区“马灯”的整体设计和活动过程来看，经济功能是其不可缺少的民俗功能之一，尤其体现在“绕灶”和“出灯”等环节当中。根据历史资料记载，此类“马灯”民俗活动的开展，原本就带有较强的经济目的，主要用于筹募资金，

"在募款修建某处的桥或某山的庙之决定下，马灯会就此成立了"[①]。如是，"兴灯"便成为皖南圩区宗族或村集体的一大利源。这在宗族观念式微和集体收入匮乏的新时期，体现得越加明显。

根据田野考察，皖南圩区"马灯"民俗活动中的经济收入至少有五种来源。第一种来源是按户摊派，根据村落户数多少，每户摊派数额不等，如今大多在两百元至五百元之间。第二种来源为"兴灯"者和个人的捐资，数百、数千和数万元不等，无特定数额。这两种资金合在一起，作为活动的起始经费。第三种来源是活动各环节收取的礼金，也是整个活动中收入占比最大的一项。第四种来源是变卖香烟、棉被、毛毯等礼品换取的现金，但此项收入可忽略不计，因为绝大多数"马灯"队选择分发给每家每户。第五种来源是政府部门的奖励和补贴。这些收入合在一起，至少在数万元，人口规模较大的很容易超过十万元。

但活动中也有不少支出项。主要是购买或租赁"行头"和购买蜡烛、黄表纸、鞭炮等活动用品的费用，以及聘请道士、唢呐手、锣鼓手等人员的劳务费用。另外还有一些难以预料的意外支出，如2011年太丰圩三房村"马灯"活动中，有一位老人被鞭炮炸伤眼睛，其医疗费用等全部由该"马灯"队承担。

各项收支都安排专门人员登记造册。每日回村都要核算该日账目，并将收支明细写在红纸上，于次日张贴公示。"圆灯"之后要算总账，如无意外情况，一般都有颇为丰厚的收支盈余。这些集体收入较少分红给每家每户，主要用来修缮祠堂、续修家谱，修建道路、路灯和篮球场等村落基础设施，以及用于其他的村集体支出。

---

① 斯契：《调马灯》，《申报》1934年7月1日，第27版、增刊第5版。

图5-2　张贴于“灯堂”两边的大红纸上写着收支公示

不管如何，直接的或间接的经济物质上的获益，是村民支持和参与“兴灯”活动的一个重要因素。对于直接分红的，村民可以在农闲时间获得一笔额外收入，即便不分红，也能分得一些礼品作为补偿。至于将盈余用于修建和改善村集体设施和环境的，村民基本都能享受到这些成果，总体是理解、愿意和接受的。因此，从收支过程和结果也就不难看出，经济功能对于皖南圩区“马灯”民俗活动有着重要的作用和意义。

二、娱乐功能

皖南圩区“马灯”带有极其浓厚的娱乐性质。作为一种岁时节日民俗事象，皖南圩区“马灯”同样具有调剂成员的社会生活和心理的作用。它发生在秋收冬藏之后，此时紧张的农忙生活告一段落，人们正好处在身体和心理的空档期，对于精神生活有了更多的需求。于是，皖南圩区“马灯”和其他春节习俗一起，共同满足了人们在农闲时追求娱乐、增加生活情趣的需求。不过，这种精神上的满足是在人神共娱中实现的。

随着社会进步，皖南圩区“马灯”已然摆脱了娱神的束缚，更好地发挥着民俗的娱乐功能。在传统社会，人们出于对神鬼的顾忌，场地表演时一旦开锣，便是一个完整的演出，以期实现娱神娱己。但自农村社会向现代化变迁以来，人们的传统神鬼观念和信仰渐趋淡薄，使得娱神的性质逐渐减弱，娱己的性质上升为主导。这种变化，使人们更能在这项民俗活动中获得精神上的愉悦。同时，社会生活带来的身体和心理上的压抑，也在一定程度上得到了释放和宣泄，“使得每个村民从一年的紧张、辛劳的工作和生活中放松下来，从生理和心理上得到轻松感”①。

近来，皖南圩区“马灯”活动已经出现了自娱自乐的倾向。不少村子“兴灯”之后，只在本村内部玩耍，或在本行政村“出灯”一日，便关起门来表演，不再像以往那般将“出灯”行程安排得满满当当。究其原因，一是青少年春节假期较短，难以长时间参与该项民俗活动；二是人们的收入水平逐步提高，对通过民俗活动获取经济收入的依赖在减弱；三是活动中存在的“卡把”、账目不透明、收益分配不均等不良现象，严重打击了人们“出灯”的积极性；四是受到新型冠状病毒疫情的影响，为了避免人员集中和流动，不能组织和开展“出灯”表演活动。这些因素或多或少限制了该民俗活动的时空范围，使其自娱自乐的趋势进入难以逆转的历史进程。

娱乐化的皖南圩区“马灯”，成为农村娱乐活动的重要载体。一直以来，农村娱乐活动相对匮乏，尤其在春节期间，让返乡青年的假期生活变得百无聊赖。为了打发时间，一些人聚众赌博，造成不良风气日盛，输掉一年务工收入甚至全部积蓄的大有人在，给村民带来了极大的经济和心理负担，因此赌博越来越为村民所深恶痛绝。而“兴灯”活动的开展，却让返乡青年的假期生活变得丰富多彩起来，还极大地消耗了他们的精力和时间，让他们无暇于赌博，越来越受到村民的欢迎。这其中，皖南圩区“马灯”既有传统文化底蕴，又有十足的观赏性和体验感，成为圩区民众争相开展的娱乐活动之一。

三、体育功能

皖南圩区“马灯”还具有村落民俗体育功能。民俗体育涉及的内容

① 余涛、杨文茹、涂传飞、余静：《村落语境中传统体育的文化功能——以芜湖县崔墩穿马灯活动为例》，《中国体育科技》2011年第5期，第104页。

十分广泛，但其核心是具备现代体育的健身性本质。皖南圩区“马灯”民俗活动中，“圆水”和“出灯”途中，并无特别的体育要素，只是步行健身的另一种表达。从科学研究的角度看，“步行是世界上最好的运动，对健康有特殊益处”①，1992年世界卫生组织相关研究结果也证实了这一点。场地表演中的走阵，同样具有强身健体的效果。另外，皖南圩区“马灯”通过运动，对“上马”人员的心理健康也有调适的作用。

但是，皖南圩区“马灯”的体育功能具有较强的针对性。由于皖南圩区“马灯”活动以男性青少年为主要参加者，因此受锻炼的也是以这一群体为主。它能够锻炼男性青少年的耐力、体力、柔韧性和协调性等身体运动能力，虽然还达不到竞技体育的强度和要求，但在青少年身体素质趋于下降的情况下，也能起到一些强身健体的作用。

相比于现代竞技体育项目，皖南圩区“马灯”有着多方面的民俗体育优势。在硬件方面，皖南圩区“马灯”对场地、器材和设施等条件的要求较低，只要有“行头”和锣鼓配乐，便能在田间稻场上开展起来。在规则方面，皖南圩区“马灯”相对简单和灵活，给予参与者一定的自由发挥的空间，容错率较高。在内容方面，皖南圩区“马灯”有着深厚的传统文化底蕴和丰富多彩的情节设计，不容易枯燥，吸引度较高②。所以，它在民间有着较强的生命力，比现代竞技体育更适合在我国民间开展和推广。

想要更好地发挥皖南圩区“马灯”的体育功能，关键在于创新性开发和运用。皖南圩区“马灯”受到时空限制，实际上对青少年强身健体的影响十分有限。只有从民俗体育的视角，充分挖掘皖南圩区“马灯”蕴含的体育基因，并将其融入学校体育教育，才能保证皖南圩区“马灯”作为民俗体育的持续性和传承性，更有利于拓展和增强皖南圩区“马灯”

---

① 罗仁、赖名慧、戴红芳主编：《亚健康评估与干预》，人民军医出版社2010年版，第36页。

② 孙曦：《文化软实力：我国的民俗民间体育》，吉林大学出版社2018年版，第68页。

的民俗体育功能。

四、旅游功能

旅游功能是对皖南圩区“马灯”新近开发的一种民俗社会功能。从社会主义新农村建设到全面推进乡村振兴，我国已经探索出了一条乡村文化旅游发展的新模式。皖南圩区各地也在乡村文化旅游发展上做了不少尝试和努力，其中民俗旅游方面以芜湖县红杨镇“月上西河”年货节为例，连续多年将皖南圩区“马灯”这一特色民俗作为压轴表演，获得多方好评。民俗与旅游的结合，为皖南圩区“马灯”增添了新的民俗功能。

皖南圩区“马灯”是乡村文化旅游开发和发展的宝贵的民俗文化资源。它是在皖南圩区特定的历史文化生态中形成的，“老百姓用自己的身体语言传承和发展着这一民间艺术，创造了独具区域特色的民间竹马灯文化”[①]，是弥足珍贵的民俗文化遗产。其独特的民俗和艺术魅力在于，复杂和特定的兴灯仪式在具有神秘感之外，场地表演动作极具观赏性，内容又充满故事性，如“穆桂英挂帅”源自杨家将的故事，“云长扫堂”源自《三国演义》当中关羽护送二位皇嫂“千里走单骑”的故事，将古代传奇小说中的情节，重现在场地表演中，无不引人入胜。无论是从观赏性，还是故事性，抑或是服装道具的戏曲性来说，皖南圩区“马灯”都具有乡村文化旅游开发的优势和前景。

---

① 孔国庆、董琪珺：《安徽民间艺术竹马灯艺术特征分析》，《铜陵学院学报》2018年第4期，第93页。

图5–3　西河古镇年货节上的女子“马灯队”（赵亚玲摄）[①]

皖南圩区“马灯”也能在乡村文化旅游开发中进一步得到保护和传承。任何民俗事象的存在，在很大程度上是由其功能决定的，“一种民俗事象如果丧失了社会文化功能，其灭亡则指日可待”[②]。在不断的社会变迁中，皖南圩区“马灯”的民俗社会文化功能正在丧失，并使其生存遭到严峻挑战，“但通过旅游业的开发，能使它们以另一种崭新的方式保存起来，满足现代人对传统的认识和审美的需要，丰富现代人的文化生活”[③]。旅游功能和旅游价值的出现，以及随之产生的经济效益和社会效益，使这一传统民俗文化对人们产生了新的吸引力，并正在焕发出新的生机和活力。

① 《大江晚报》2019年1月30日，第A9版。

② 仲富兰：《中国民俗学通论 第1卷 民俗文化论》，复旦大学出版社2015年版，第100页。

③ 赵序、金丽娟主编：《中外民俗》，天津大学出版社2011年版，第11页。

但皖南圩区“马灯”的旅游功能仍有待于发挥更好的作用。就目前实际情况来看，对皖南圩区“马灯”的文化旅游开发尚处于起步阶段，其发展还存在很多问题和不足之处。接下来还需创新发展思路，从文化旅游开发的角度进行整体设计，打造皖南圩区“马灯”的文化旅游品牌，扩大其文化影响力，才能更好地发挥其旅游功能和旅游价值。

第三节　乡土记忆中的文化符号

皖南圩区“马灯”已成为圩乡年味的代名词之一。从腊月到正月，皖南圩区“马灯”民俗活动占据了整个春节假期，是返乡青少年春节假期生活的重要组成部分。从年关的“圆场”开始，到除夕之夜的“开光”，再到新年的“出灯”，直至“圆灯”结束，锣鼓声不绝，好不热闹。尤其“出灯”时，“大人喊，小孩叫，红红绿绿，旌旗翻舞”[①]，可能是乡村一年里最热闹的时候。如歌谣唱的那样：“马灯马灯跑得快，一张桌子八样菜，小舅子陪你喝痛快，睡在地上起不来。”[②]或许因为这个原因，圩区民众早就将“马灯”和年味联系在了一起，只有“马灯”穿起来，才能感受到“浓浓的年味”[③]。在谈及年味的时候，也总会提到“马灯”，如秋适之的《圩乡年俗美》[④]和红杨树的《故乡重燃的年味》[⑤]。

① 谈正衡：《回味：童谣思故乡》，东方出版中心2016年版，第242页。
② 谈正衡：《回味：童谣思故乡》，东方出版中心2016年版，第242页。
③ 陈剑：《跑马灯 迎新春》，《芜湖日报》2019年1月26日，第2版。
④ 秋适之：《圩乡年俗美》，《大江晚报》2017年12月31日，第A12版。
⑤ 红杨树：《故乡重燃的年味》，《大江晚报》2020年2月6日，第B4版。

图5-4　在“马灯”民俗活动中体验到年味的返乡孩童①

皖南圩区“马灯”更是圩乡游子对春节和故乡最深刻的记忆，并且成为他们文学创作当中不可缺少的素材。荆毅在长篇小说《一路走来》中，以主人公的口吻讲述了许多关于皖南圩区“马灯”的细节，比如关羽的尾马是红色的，其他的为白色；“神角”是不能说话的，也不能踩主人家的门槛；女人不能扮演“神角”，也不能进灯堂，等等。②夏克震在散文集《梦回故乡》中，也讲到故乡正月里“玩灯”的事情，他将皖南圩区的“马灯”和“龙灯”“罗汉灯”夹杂在一起讲述，因为这三个灯种有着相同的“兴灯”仪式和过程，并且他认为“最热闹的灯是马灯”③。谈正衡的《回味：童谣思故乡》末篇，以一首关于“马灯”的童谣做开头，然后讲述了对河村子兴“马灯”和“出灯”的详细过程，其中也提到很多关于“马灯”的细节和禁忌，还特别提到“晚上穿灯最好看”④。这些文字中的细节，若不是作者有现场的经历和观察，是很难知道的，也是作者成长过程中最为宝贵的乡土记忆。

记忆如此深刻，是因为圩乡游子对故土的思念和深情。字里行间，

① 张语修：《民俗“串马灯”》，《大江晚报》2018年3月3日，第A16版。

② 荆毅：《一路走来》，安徽人民出版社2007年版，第63—66页。

③ 夏克震：《梦回故乡》，安徽师范大学出版社2014年版，第48页。

④ 谈正衡：《回味：童谣思故乡》，东方出版中心2016年版，第243页。

虽然讲述的是故事，是民俗，是歌谣，但在离开故土、离开现场的时空里讲述，情境变了，心境也变了，更像是作者娓娓道来的乡愁。如同荆毅借主人公的口吻所说的那样："从我离开故乡的那天起，就注定我成了一个乡村的旁观者了，尽管后来在楼高车快的都市里，我又总是怀抱着难以解脱的乡村情结。"①若是再次回到故乡现场去看"马灯"，感觉则完全不一样了。"以前，我只是觉得不解，现在我以旁观者的眼光看着这种马灯，觉得这是一种特殊的欢乐。"②

毫无疑问，皖南圩区"马灯"已经成为乡土记忆中的一个文化符号。历经岁月洗练，皖南圩区"马灯"作为故乡传统文化的物质载体，在圩乡游子的脑海中已成为挥之不去的乡土记忆。这种乡土记忆随着时间的推移越发深刻，因为它已经被赋予了游子对故乡的留恋和深情，凝结着游子深深的乡愁，成为游子连接故乡的一个纽带。而文化符号里的皖南圩区"马灯"也被赋予了一种特殊的情感，不再是简单和纯粹的文化符号，它所承载的是浓浓的乡情。

小　　结

皖南圩区"马灯"具有多样化的民俗社会文化功能。作为一种民俗事象，皖南圩区"马灯"服务于人们的现实需要而产生，并且随着历史和社会环境的变化而变化，以满足人们变化了的新的需求。这些需求包括社会教化、秩序规范、艺术审美、情感维系、经济收益、娱乐休闲、强身健体和文化旅游等多个方面。相应地，皖南圩区"马灯"从最初单一的驱邪逐疫功能，衍生出多种多样的民俗社会文化功能。此种客观效用，在传承和延续皖南圩区"马灯"民俗方面发挥了重要作用。

在传统社会，皖南圩区"马灯"主要发挥了教化、规范、审美和维系等民俗功能。教化方面，皖南圩区"马灯"通过耳濡目染式的熏陶，

① 荆毅：《一路走来》，安徽人民出版社2007年版，第66页。

② 荆毅：《一路走来》，安徽人民出版社2007年版，第64页。

在潜移默化中起到了强化宗族观念和宣扬道德伦理的作用。规范方面，通过设置仪式、规矩和禁忌等，对成员的言行产生“软性的”又带有“强制性”的导向、约束和规范作用，从而实现了个人、社会和国家三个层面的秩序规范。审美方面，皖南圩区“马灯”融合傩仪、花灯、戏剧和地方习俗等多种元素，迎合了民间艺术审美情趣，集中体现了圩区民众的民俗审美、人文审美和戏曲审美。维系方面，皖南圩区“马灯”联络和维系了宗族成员之间、来往亲戚之间、自然村落之间、同姓宗亲之间的情感。

但随着社会变迁，皖南圩区“马灯”的民俗社会文化功能发生新变。一种是向现代化嬗变。如经济功能体现得愈发明显，“玩灯”带来的丰厚收益，为修建和改善村落集体设施和环境提供了可能，已经成为人们“兴灯”的动力之一。但由于存在收益分配不均、账目不透明等现象，加之村民综合素养的全面提高，以及农村娱乐活动的相对匮乏，使其娱乐功能已经朝着自娱自乐的趋势发展。另一种是在现代化的社会生产和生活实践中产生了新的民俗功能。一是体育功能。皖南圩区“马灯”具有多方面的民俗体育资源和优势，相比于现代竞技体育，更适合在广大农村地区开展和推广。二是旅游功能。皖南圩区“马灯”也含有丰富的民俗文化旅游资源，其观赏性、故事性和戏曲性，对于发展乡村文化旅游具有较好的价值和前景。

除此之外，皖南圩区“马灯”已经和年味联系在了一起，并成为圩乡游子对春节和故乡最深刻的记忆点，饱含着圩乡游子难以割舍的对故土的特殊情感，成为他们乡土记忆中的一个文化符号，连接着漂泊在外的游子和回不去的故乡。

第六章 “马灯”文化的保护与传承

皖南圩区“马灯”的发展历程十分坎坷。在近代水旱灾害和战乱频仍的历史环境中，特别是在全面抗日战争爆发以后，皖南不少地区先后沦陷，人民生活在水深火热之中，“玩灯”活动基本绝迹。新中国成立以后，圩区各地自发“兴灯”，但因种种原因遭到限制和禁锢多年，直到改革开放以后才得到逐步恢复。进入21世纪以来，“随着村落生活方式和内部权力结构的变化，以及青少年数量减少、身体素质下降等因素的影响，现在普遍存在仪式减省、走动范围变小、活动时间缩短等问题”①，皖南圩区“马灯”再一次面临严重的传承危机。近些年来，随着学术界、自媒体等多方关注和呼吁，皖南圩区“马灯”进入公众视野，并在传承和弘扬中华优秀传统文化的浪潮中出现良好的发展势头。

第一节 传承危机的出现及原因

历史上，皖南圩区“马灯”有过多次传承危机。根据现有资料，近代以来，皖南圩区“马灯”至少出现过三次严峻的生存危机：第一次是在全面抗日战争时期，第二次是在“文化大革命”十年间，第三次是在2019年新型冠状病毒疫情爆发以来。这三次生存危机的发生，均是特定的历史环境导致的，但都造成皖南圩区“马灯”民俗活动陷入较长时间的停止，给这一地方民俗文化的保护和传承带来了非常不利的影响。

---

① 崔龙健：《皖南圩区春节兴灯仪式与社会变迁》，《安庆师范学院学报》（社会科学版）2013年第2期，第102页。

近代时期，自然灾害和人为灾祸相互叠加，使皖南圩区“马灯”失去生存的温床沃土。据《申报》记载，近代江南一带农村凋敝，农民遭灾，“马灯”等民俗活动盛况不再，诚如“近来农村的种田人，在经济破产与苛税、内战、灾荒、饥饿的挣扎中，调马灯这样盛况的娱乐是已经成为往事了”①。在这段历史时期，连人都感到生存困难，“马灯”等民俗活动的衰败就是必然的了。无怪乎时人感叹道：“这里的马灯在从前是每年从正月十三四里起，要看到月底为止的，可是自从农村里受水灾旱荒、兵燹匪祸和苛税杂捐的重重压迫之后，乡下人时常连生活都感到困难，还哪来这兴致发起什么灯会?!”②全面抗日战争的爆发，更是给皖南圩区“马灯”沉重的一击。据《繁昌县志》记载：“民国时期，春节期间玩灯贺新春，其活动遍及全县城乡……至抗日战争开始，赛龙舟、玩灯活动遂止。”③又据《泾县志》记载：“抗日战争爆发前，全县城乡普遍盛行。主要有龙灯（分板龙、滚龙2种）、竹马灯、采茶灯……抗战期间各地灯会基本停止。”④

解放后，为了庆祝新中国的成立，各地兴起一波“兴灯”的浪潮。但到1953年，“因反对封建迷信、反对铺张浪费，对玩灯有所控制”⑤。20世纪50年代末期，“灯会活动已大大减少”⑥。“文化大革命”时期，“把玩灯划为‘四旧’”⑦，皖南圩区“马灯”在内的民俗活动被禁锢多年。

直到1978年改革开放以后逐步恢复。据《繁昌县志》记载，1984年

① 斯契：《调马灯》，《申报》1934年7月1日，第27版、增刊第5版。

② 方舟：《灯会》，《申报》1936年3月14日，第18版、增刊第2版。

③ 繁昌县地方志编纂委员会编：《繁昌县志》，南京大学出版社1993年版，第385—386页。

④ 泾县地方志编纂委员会编：《泾县志》，方志出版社1996年版，第691页。

⑤ 繁昌县地方志编纂委员会编：《繁昌县志》，南京大学出版社1993年版，第386页。

⑥ 泾县地方志编纂委员会编：《泾县志》，方志出版社1996年版，第691页。

⑦ 繁昌县地方志编纂委员会编：《繁昌县志》，南京大学出版社1993年版，第386页。

春节期间，该县文化馆在城关举办千人灯舞、万家灯会，“各乡镇出灯200多条”[①]。又据《芜湖县志》记载，1985年元宵节，该县政府组织盛大灯会，“全县乡、镇有17班龙灯、马灯、高跷灯到县城湾沚镇会演，观众达五万多人”[②]。接着，1986年元宵节灯会继续在城关湾沚镇举办，包括“马灯”在内的18班灯聚会，“所经之处鞭炮震耳，人流潮涌”[③]。

20世纪90年代以后，“玩灯”活动日渐稀少。在改革开放和经济发展的浪潮中，大量农民尤其是年轻人走出乡村，前往沿海大城市务工，改变了原来的生产生活方式，同时也改变了农村传统的社会秩序，导致“民间的传统信仰和文化观念渐趋淡薄”[④]，加之“玩灯”活动常常带来负面的冲突，这些均对“玩灯”民俗活动产生了直接的不利影响。地方志在记载时也不得不承认现实，“玩灯习俗已淡化，城镇文化部门常举办猜灯谜、球赛、棋赛等活动”[⑤]。

中国特色社会主义进入新时代前后，皖南圩区“马灯”有过短暂的兴盛。“2010年左右，自发组织的玩灯活动又逐年多了起来，仍保持着较完整的传统形态。”[⑥]但是好景不长，2019年新型冠状病毒疫情爆发后，为了有效阻断病毒传播和战胜疫情，各地相继采取封村封路、禁止人群聚集等多种硬核防控措施，皖南圩区“马灯”等春节民俗活动也因此按下停止键。近两年，新型冠状病毒疫情反反复复，严重挤压了民俗活动

① 繁昌县地方志编纂委员会编：《繁昌县志》，南京大学出版社1993年版，第386页。

② 芜湖县地方志编纂委员会编：《芜湖县志》，社会科学文献出版社1993年版，第732页。

③ 芜湖县地方志编纂委员会编：《芜湖县志》，社会科学文献出版社1993年版，第689页。

④ 郑工：《临时制度与自由约定——一则民俗文化仪式性活动的考察案例及其分析》，载王文章主编：《中国非物质文化遗产保护论坛论文集》，文化艺术出版社2006年版，第209页。

⑤ 芜湖县地方志编纂委员会编：《芜湖县志（1990—2003）》，方志出版社2009年版，第662页。

⑥ 荀笋：《皖南圩区春节“玩灯”习俗的历史演变及时代价值》，《铜陵学院学报》2020年第1期，第79页。

空间，何时能够恢复皖南圩区“马灯”等民俗活动，尚不可知。

总体上看，皖南圩区“马灯”的发展历程起起落落，当前又处在新一轮的起落之中，等待恢复。但是，即便将来有所恢复，也不得不面临自然萎缩和保护传承危机的挑战，这是我国农村经济社会发展的必然结果，主要体现在以下三个方面：

其一，宗族式微以及族长权威丧失带来的组织危机。在皖南圩区，“旧时多以姓氏宗族为帮玩灯，由各族自发组织。解放后，转而以生产队或自然村组织”①，但村两委班子成员由于政治因素，往往只参与，不出面组织和领导，所以组织工作大多还得由族长出面主持。但是，新中国成立特别是改革开放以来，农村基层组织和生产生活方式发生翻天覆地的变化，宗族这一传统基层社会组织形式步入式微，族长权威随之丧失。旧的组织者失去威信，新的组织者难以或不愿主持大局，于是形成了“灯班”权力的真空，不服从“灯班”管理者大有人在，甚至意见不合便拳脚相向。20世纪80年代以后，“一兴三年”，即连续三年“兴灯”的惯习被打破，间隔的时间越来越长，其原因主要是没有能够服众的组织者按照惯习完成计划和组织“兴灯”活动。

其二，快速推进的城镇化和农村空心化造成的人员危机。“人口向城镇的流动带来传统村落的空心化、闲暇时间的碎片化和劳作方式的非体力化”②，均打消了村民“玩灯”的兴致。一方面，农村人口的大量流失，新增人口的大幅减少，以及青少年身体素质的趋于下降，不能满足“兴灯”需要的人员数量和质量的要求。另一方面，春节假期时间的碎片化，使村民参与“玩灯”的意愿降低，导致很多“兴灯”的村子出现“抓壮丁”的现象。此外，娱乐方式的现代化和多样化，也使人们对传统民俗活动失去兴趣。这些因素造成“圆场”时间不足，表演质量下降，被迫缩短活动时间和缩小活动范围，“如一村落于2018年春节‘玩灯’时

① 南陵县地方志编纂委员会编：《南陵县志》，黄山书社1994年版，第569页。

② 荀笋：《皖南圩区春节“玩灯”习俗的历史演变及时代价值》，《铜陵学院学报》2020年第1期，第79页。

将‘开光’时间提前到腊月二十八，正月初三便圆灯了”。[①]

其三，“马灯师傅”群体传承危机同步产生的技艺危机。皖南圩区“马灯”有专门的“马灯师傅”，负责表演技艺的传授，他们是保护和传承皖南圩区“马灯”非物质文化遗产的核心要素。但是，这些“马灯师傅”，“都是农民中的灯把式，平时不带徒弟，玩灯时上场传授”[②]。所以“马灯师傅”主要依靠口头和行为传承，但“无论口头和行为传承都是靠记忆保存，又凭借记忆传给别人，这样就很难保持某一民俗文化原来的风貌”[③]。“马灯师傅”的传承有三种方式：一是家传，主要是父子相传，或家族内部其他成员之间的传承；二是师承，通过拜师学艺而习得“马灯”表演技艺；三是自学，“头马”聪慧者或有兴趣爱好者，往往可自学成才。这几种传承方式以家传和自学为主，随意性很大，没有形成稳定的传承机制。“马灯师傅”的主业在于务农和外出打工，传授“马灯”技艺只是一种兼职行为，因此，“马灯师傅”的职业认同感普遍不强，且这份工作收入微薄，越来越缺乏吸引力，已经引起“马灯师傅”群体的传承危机。

图6-1　执红旗、着便服带领表演的为“马灯师傅”

① 荀笋：《皖南圩区春节“玩灯”习俗的历史演变及时代价值》，《铜陵学院学报》2020年第1期，第79页。

② 安徽省文学艺术研究所编：《江淮戏曲谱》，安徽文艺出版社1985年版，第131页。

③ 陶立璠：《民俗学》，学苑出版社2003年版，第39页。

第二节　活态传承中的安徽经验

皖南圩区“马灯”地域特色鲜明，是推进乡村文化振兴的宝贵资源。进入新世纪，在新农村建设和文化强省建设过程中，各方力量积极开展保护和传承皖南圩区“马灯”的有益尝试。中国特色社会主义进入新时代以来，在习近平新时代中国特色社会主义思想的指导下，先后在全面建成小康社会和全面推进乡村振兴战略的背景下，各地方努力走出一条保护和传承皖南圩区“马灯”的有效路径，业已形成弥足珍贵的安徽经验。

一是地方政府予以保护性支持。皖南各地方政府积极立项，推动“马灯”类民俗文化申报非物质文化遗产（见下表），如平铺马灯入选芜湖市第二批非物质文化遗产名单，铜陵竹马灯入选安徽省首批非物质文化遗产省级名录，后来入选的还有郎溪定埠小马灯和广德西坞马灯等。“芜湖马灯”成功入选“2020中华体育文化优秀项目”。各地方政府还积极出台政策，引导和规范开展“马灯”等春节民俗活动，如南陵县许镇镇镇政府规定，“兴灯”领头人或负责人须到治安部门签下承诺书，“圆灯”之后给予1000元奖励。虽然奖励数额不大，但从田野调查结果来看，村民对此做法十分赞赏，认为此举很大程度上调动了他们兴灯玩灯和传承传统民俗文化的积极性。宣城市制定了《关于加快发展健身休闲产业的实施意见》，明确提出要加强“马灯”等非物质文化遗产与健身休闲产业的融合开展。毫无疑问，地方政府部门的引导和支持，尤其是政策上的扶持，对于“马灯”文化的保护和传承具有积极意义。

表一 皖南圩区“马灯”入选各级非物质文化遗产名录概况[①]（不完全统计）

级别	类别	名称	入选批次	申报单位	备注
省级（安徽省）	传统舞蹈	竹马灯	第一批（2006）	铜陵市铜陵县	安徽省非物质文化遗产传承基地
	民俗	定埠小马灯	第三批（2010）	宣城市郎溪县	
	传统舞蹈	西坞马灯	第五批（2017）	广德县	
市级（芜湖市）	民俗	平铺马灯	第二批（2009）	繁昌县	
	传统舞蹈	陶辛骆村马灯	第四批（2016）	芜湖县	
	传统舞蹈	八都苏子孙马灯	第四批（2016）	芜湖县	八都苏子孙马灯非遗传习基地（县级）
	传统舞蹈	老村街张氏马灯	第四批（2016）	芜湖县	
	传统舞蹈	许镇马灯	第四批（2016）	南陵县	县级第二批
县级（芜湖县）	民间舞蹈	流水湾马灯	第二批（2009）	方村镇	
	民间舞蹈	陶辛骆村马灯	第四批（2013）	陶辛镇	
	民间舞蹈	八都苏子孙马灯	第五批（2015）	湾沚镇	
	民间舞蹈	老村街张氏马灯	第五批（2015）	湾沚镇	
	传统舞蹈	万村马灯	第六批（2017）	红杨镇	

二是学界加强对“马灯”文化的研究。世纪之交，鲁安娜最先关注

① 资料来源：各级政府网站及相关公示文件。表中提到的铜陵县现为铜陵市义安区，广德县现为广德市，繁昌县现为芜湖市繁昌区，芜湖县现为芜湖市湾沚区，芜湖县方村镇现为芜湖市镜湖区方村街道。书中别处不赘提。

皖南圩区“马灯”文化，对芜湖白马山汪坳村一带的“马灯”展开田野调查，形成《皖芜湖白马山“马灯”田野考察》报告，于1998年提交亚洲民间戏剧民俗艺术观摩与学术研讨会交流[①]，产生良好的社会影响，后来多家媒体就其主要内容进行转载。其后关于皖南圩区“马灯”文化研究出现不同学科不同角度“多点开花”的趋势。郭小刚从音乐学的角度，综合叙述了皖南圩区“马灯”的流传范围、历史源流、组织结构、表演过程和音乐特点等内容，认为它有较为完整的艺术结构，还就农民精神文明需求变化、社会变迁对民间艺术的影响等问题抛砖引玉，呼吁学界予以关注和探讨[②]。2008至2011年，余涛等以芜湖县崔墩穿马灯为研究对象展开4次田野调查，从体育社会学的角度围绕“为何要穿马灯”问题，探讨村落传统体育的文化功能，认为“村落传统体育的文化功能能否满足村民的文化需求是决定村落传统体育兴衰的根本因素”[③]。进入新时代以来，学界对皖南圩区“马灯”文化的关注和研究兴趣不断上升，成为一个小的学术增长点。孔国庆等从艺术设计研发的角度，对皖南圩区“马灯”文化进行持续研究，先后获批2013年度安徽高校人文社会科学研究一般项目“铜陵民间竹马灯艺术造型和市场开发应用研究”和2014年度安徽省哲学社会科学规划青年项目“文化创意视角下的安徽民间竹马灯艺术产品开发研究”，提出“提炼文化符号并运用到时尚的文创产品当中去”[④]等诸多观点和开发建议，为皖南圩区“马灯”文化旅游开发提供了重要思路。崔龙健从民俗学的角度对皖南圩区“马灯”等春节兴灯仪式做了专门考察，认为皖南圩区“马灯”文化具有近代民俗文化

① 鲁安娜：《皖芜湖白马山“马灯”田野考察》，《祭礼·傩俗与民间戏剧——’98亚洲民间戏剧民俗艺术观摩与学术研讨会论文集》，中国戏剧出版社1999年版，第433—439页。

② 郭小刚：《皖南圩区“马灯”概说》，《中国音乐》2003年第1期，第103—105页。

③ 余涛、杨文茹、涂传飞、余静：《村落语境中传统体育的文化功能——以芜湖县崔墩穿马灯活动为例》，《中国体育科技》2011年第5期，第101页。

④ 孔国庆、董琪珺：《民间艺术竹马灯创意产品的开发研究》，《池州学院学报》2018年第5期，第121页。

杂糅的特点①，并以此为基础申报的2018年度安徽省哲学社会科学规划青年项目“皖南圩区‘马灯’研究”获批立项，拟对这一民俗文化进行多角度系统研究，呈现其整体面貌。这些多学科研究成果，有助于人们增进对皖南圩区“马灯”文化的了解和认识，也为更好地传承发展这一民俗文化提供重要的学术支撑。

三是媒体加大对“马灯”文化宣传力度。近些年来，各种媒体对皖南圩区“马灯”文化的关注热情不减反增，地方传统纸媒更是如此，《新安晚报》《铜陵日报》《芜湖日报》《大江晚报》等报刊都刊发过专门报道。尤其是《芜湖日报》和《大江晚报》，几乎每年春节期间都进行相关报道，并配以大幅“马灯”活动图片，十分醒目。随着互联网生态的成熟，传统报刊也从线下发展到线上，这些关于皖南圩区“马灯”的报道和文章，同步更新在网络上，突破了时空的限制，频频为人民网、中国网、搜狐网、新浪网、凤凰网等知名媒体平台所转发。如《大江晚报》2017年2月10日刊发的《方村马灯闹新春》，很快被凤凰网安徽频道以《芜湖方村马灯闹新春 风俗相传几百年》为标题全文转发，点击率得到大大提升，甚至引起网友留言讨论，形成良好的社会影响。此外，微博、抖音等自媒体的兴起，为普通民众传播皖南圩区“马灯”文化提供了便利，大大促进了皖南圩区“马灯”文化传播的广度和深度。

四是学校教育融入“马灯”文化元素。安徽省非物质文化遗产保护中心成立以来，采取与省教育厅等有关部门合作共建的方式，积极推动“非遗”文化进校园、进课堂、进教材，“目的在于普及非遗知识，激发学生对优秀传统文化的热爱，提升学生的艺术品位和素养”②。铜陵市第七中学就专门开设了“竹马灯”相关课程，邀请“竹马灯”传承人进课堂，向学生讲授“竹马灯”制作技艺③。又如郎溪县经济开发区第一幼儿

① 崔龙健：《皖南圩区春节兴灯仪式与社会变迁》，《安庆师范学院学报》（社会科学版）2013年第2期，第99页。

② 晋文婧：《非遗保护进校园》，《安徽日报》2012年3月16日，第C2版。

③ 罗宝、武长鹏：《非遗进校园 教学助传承》，《安徽日报》2012年10月12日，第C1版。

园，在春节期间，组织小朋友们观看定埠“小马灯”表演，现场感受传统民俗文化的魅力，“从小开始培养文化自信”①。

五是乡村振兴增添“马灯”文化内涵。挖掘皖南圩区“马灯”等民俗文化，开发乡村旅游品牌，助推乡村振兴，已经成为皖南圩区各地的流行做法。如芜湖县红杨镇“月上西河”年货节连续举办多年，每年都有“马灯”民俗文化表演，“往年只在过年期间举行的走马灯表演，此次西河年货节期间走进西河，吸引了众人前来观看”②。南陵县弋江镇举办的首届腊八民俗文化节活动，同样加入“马灯”表演项目③。芜湖市弋江区峨桥镇浮山村民俗体验和油菜花观赏融为一体，举办浮山首届马灯文化节，邀请津元村吾门女子马灯队进行民俗表演，“助推乡村振兴”④。民俗文化与乡村旅游的结合，既创造了经济价值，又守住了文化传统。郎溪县飞鲤镇湖滨渔村还打造马灯广场，举办小马灯非遗文化亲子游活动，促进“马灯”文化的“活态传承”，“把乡村建设成‘望得见山、看得见水、记得住乡愁’的和谐画卷”⑤。人民群众也积极在美好乡村建设中融入“马灯”文化。芜湖县湾沚镇吾门村村民童贞鹰发起成立“吾门妇女巾帼志愿服务队”，“将人居环境整治内容与‘马灯’表演相结合，自编自导出一个个接地气的小节目，让广大村民在欢乐中了解了人居环境整治的意义”⑥。乡村振兴，重在文化振兴，这是“实现乡风文明、生

① 汪孝菲：《“非遗”马灯闹元宵 文化振兴乡村美》，2018年3月1日，人民网，http://ah.people.com.cn/GB/n2/2018/0301/c358349-31299888.html，访问日期：2020年10月16日。

② 马正超：《西河古镇年货节 浓郁年味扑面来》，《大江晚报》2019年1月21日，第A7版。

③ 郑远：《挖掘民俗文化 助推乡村振兴》，《芜湖日报》2020年1月3日，第8版。

④ 唐乐燕：《菜花香里的乡村振兴》，《芜湖日报》2021年3月19日，第6版。

⑤ 罗鑫：《花鼓喧天“闹”皖南》，《安徽日报》2019年12月13日，第9版。

⑥ 程中玉、王奕扬：《助力人居环境整治 彰显巾帼靓丽风采》，《芜湖日报》2019年9月5日，第2版。

态宜居、治理有效的重要支撑”①。

图6-2 郎溪县飞鲤镇湖滨渔村“小马灯”在文化广场表演（胡华余摄）②

第三节 进一步保护传承的思考建议

皖南圩区“马灯”具有重要的经济、社会、文化等方面的价值，在全面推进乡村振兴战略中可以发挥独特的作用。目前虽然在保护和传承上有了诸多探索和有效经验，但还没有最大程度地实现它的价值和发挥它的功能，也没有从根本上扭转其传承危机。尤其是如何处理与突发重大疫情防控的矛盾和冲突，尚没有找到真正的解决办法。此外，皖南圩区“马灯”虽有地域特色，但“马灯”文化并非皖南圩区所独有，近年来长三角各地区都在加紧恢复和挖掘“马灯”文化，如浙江湖州金溇“马灯”和下箬“马灯”、绍兴丁家坞“马灯”、丽水山边“马灯”、上海松江“串马灯”、江苏镇江华墅“马灯”、溧阳蒋塘“马灯”、南京高淳“大马灯”等，大大增加了皖南圩区“马灯”文化品牌树立的竞争压力和

① 郑世媛、张敬波：《“非遗”马灯庆新春》，《安徽日报》2018年2月26日，第6版。

② 《宣城日报》2019年11月14日，增刊第2版。

难度。毋庸置疑，促进皖南圩区“马灯”文化资源转化，迫在眉睫。

一要加快推进乡村文化旅游深度融合，将“马灯”文化资源转化为经济发展要素。从皖南圩区“马灯”文化与乡村旅游结合的实践，以及村民在疫情防控前期的表现来看，经济因素是非常重要的内生驱动力。地方试图打造乡村文化旅游品牌，从中获得经济收益，村民则想要收回经济成本，由于皖南圩区“马灯”兴灯活动是村民自发组织，自发募集经费，长期以来也有“以‘赢利’为主要目的”①。但是，不管是地方政府层面推动的文化旅游开发，还是村民自发的“盈利”模式，受限于“马灯”文化的季节性限制，都没有能够带来长期且稳定的经济收益。因此，笔者曾刊文呼吁尽快规划推出以皖南圩区“马灯”文化为主题的文化旅游项目，打造一座“马灯”文化特色小镇，建成一座“马灯”文化博物馆，设计一批“马灯”文化创意产品②。其实质是推进文化旅游深度融合，并融入当地春节兴灯民俗风情，实现良性互动，营造良好的文化旅游开发氛围，吸引游客，使皖南圩区“马灯”文化资源得到充分挖掘，形成具有长期性、稳定性的经济收益模式。

图6-3　南陵县弋江镇首届腊八民俗文化节中的“马灯”表演（杨晓保摄）③

① 郭小刚：《皖南圩区“马灯”概说》，《中国音乐》2003年第1期，第105页。

② 崔龙健：《推动长三角“马灯”文化传承发展》，《芜湖日报》2020年3月20日，第4版。

③《芜湖日报》2020年1月3日，第8版。

二要最大程度发挥人民群众的创造能力，将“马灯”文化资源转化为社会和谐要素。在美好乡村建设中，皖南圩区民众将“马灯”文化与人居环境整治活动结合，收到了良好效果。究其原因：第一，皖南圩区“马灯”文化本身具有教化因子，其演阵的故事性和传统英雄人物崇拜，蕴含着中国传统文化中忠、勇、仁、义、礼、智、信等优秀品格，在当今社会仍然具有积极意义；第二，皖南圩区民众在“马灯”文化耳濡目染中生活，将美丽乡村建设借助皖南圩区“马灯”文化重新演绎，他们易于理解和接受。从这一实践中我们可以获得启示，乡村振兴的参与者是人民群众，获益者也是人民群众，应充分发挥人民群众的积极性和创造性，引导和鼓励人民群众将皖南圩区“马灯”文化与美好乡村建设相结合，通过物质和精神两方面的再创造，进一步活化皖南圩区“马灯”的文化资源。

三要加大“非遗”进校园的推进力度，将“马灯”文化资源转化为教育进步要素。目前，非物质文化遗产进校园、进课堂、进教材有其显著特点：第一，以传统文化素质教育为主要目的，通过课堂展示、教授和互动，引起学生对传统文化的兴趣；第二，结合地域民俗文化特色，设置相关课程，不是千篇一律或搞“一刀切”，体现了对民俗文化基本规律和教育基本规律的遵循。但是，总体而言，“非遗”进校园尚处于试验阶段，其推广广度和深度还远远不够。就皖南圩区“马灯”文化来说，初步挖掘了其中的制作技艺教育，它的文化内涵和体育因素还有待开发。关于文化内涵，不再赘述。从传统民俗体育的视角看，皖南圩区“马灯”多样化的表演形式，为传统文化融入学校体育教学提供了丰富素材，相比篮球、足球、排球等现代体育项目，更有文化上的吸引力。

四要充分调动学界学者的研究兴趣，将“马灯”文化资源转化为学术增长要素。现有皖南圩区“马灯”文化相关研究成果，主要是在田野调查的基础上，运用不同学科方法进行考察，呈现了皖南圩区“马灯”文化的基本面貌。但其深层次内涵尚未得到充分揭示，田野调查获取资料的数量也不够丰富，尚未建立起专门的影像数据库等，还无法满足经济社会发展的需要。然而皖南圩区“马灯”文化“作为地方传统文化的典型代表，对其文化创意开发研究，已成为地方文化在新时期生存的必然要求”①。这就需要加强对它的学术研究，为这一民俗文化的进一步资源转化提供学术支撑。因此，笔者曾刊文呼吁社会各界关注皖南圩区“马灯”文化的学术研究，整合资源，“筹建一个‘马灯’文化研究中心（或‘马灯’文化研究院），举办一场‘马灯’文化学术交流会议，资助一批‘马灯’文化研究项目，出版一套‘马灯’文化研究丛书”②，为皖南圩区“马灯”民俗文化创新性保护和传承发展提供学术成果的支持。

小　　结

皖南圩区“马灯”发展史上有过几番起起落落。从清末兴盛到民国衰颓为第一次起落。民国时期，在水旱自然灾害和兵燹匪祸、苛捐杂税等人为灾祸重重压迫之下，农村凋敝，农民生活贫困，了无“兴灯”兴致，至全面抗日战争爆发，圩乡大多沦陷，“玩灯”活动陷入停止。新中国成立以后，出现第二次起落。在庆祝新中国成立的浪潮中，皖南圩区“马灯”有所恢复，但因反对封建迷信和铺张浪费而遭到限制，20世纪50年代末期大为减少，至“文化大革命”时期被划为“四旧”而禁锢多年。改革开放以后，在相关部门的组织和推动下逐步恢复，但90年代开始又日渐稀少，为第三次起落。中国特色社会主义进入新时代前后，一度出现复兴的趋势，但随着新型冠状病毒疫情的爆发而戛然而止。

从整体上判断，进入21世纪以来，皖南圩区“马灯”已经遭到自然萎缩和传承危机的严峻挑战。各地方为了保护和传承这一传统民俗文化，先后在新农村建设、全面建成小康社会和全面推进乡村振兴战略的历史

① 孔国庆、董琪珺：《民间艺术竹马灯创意产品的开发研究》，《池州学院学报》2018年第5期，第119页。

② 崔龙健：《推动长三角“马灯”文化传承发展》，《芜湖日报》2020年3月20日，第4版。

进程中，积极探索和实践保护传承的有效路径，形成十分宝贵的“五位一体”的安徽经验，对于保护和传承发展皖南圩区“马灯”文化具有非常积极的意义。

但还须做进一步思考，以更有效率地保护和传承皖南圩区“马灯”民俗文化。一要加快推进乡村文化旅游深度融合，将“马灯”文化资源转化为经济发展要素；二要最大程度发挥人民群众的创造能力，将“马灯”文化资源转化为社会和谐要素；三要加大“非遗”进校园的推进力度，将“马灯”文化资源转化为教育进步要素；四要充分调动学界学者的研究兴趣，将“马灯”文化资源转化为学术增长要素。只有加快促进皖南圩区“马灯”文化资源创造性转化和创新性发展，才能使其走出低谷，更好地应对传承危机，并永葆生机和活力。

结　语

本研究以皖南圩区“马灯”为考察对象，从多个视角对其进行条分缕析，尤其针对一些细节问题展开考证，溯本清源，基本解开了皖南圩区“马灯”的神秘面纱，有助于推进对这一传统民俗文化的系统认识。

从性质上看，皖南圩区“马灯”是一种兼具傩与花灯性质的春节地方民俗。长期以来，对皖南圩区“马灯”性质的界定较为混乱，大致包括民间舞蹈、民间文艺、艺术舞蹈、傩、民俗等。但经过多方面的剖析发现，皖南圩区“马灯”包含了这些要素，是集傩、花灯和舞蹈于一体的一种民俗事象。从民间舞蹈的角度看，皖南圩区“马灯”拥有较为完整的艺术架构，具有民间乐舞的基本属性。从傩的角度看，皖南圩区“马灯”在民俗仪式和过程方面，与邻近的贵池傩俗异曲同工，具有傩的基本特征。从花灯的角度看，皖南圩区“马灯”是该地区春节至元宵节期间“玩灯”习俗的一种，具有花灯的基本形态。

从源流上看，皖南圩区“马灯”是古代竹马文化不断演化的结果。我国竹马文化源远流长，唐代以前限定于简单的儿童游戏，此后进入艺术化、戏曲化和复杂化的演变历程，至宋代与社火结合，衍生出“竹马舞”“竹马灯”“竹马戏”等多种形态。到了明清时期，竹马文化融入古代传奇英雄故事和戏曲元素，演变成流行于全国各地而又形态各异的地方民俗文化事象。其中，皖南圩区的历史地理环境和习惯风俗，为皖南圩区“马灯”个性形态的生成提供了丰富素材。另结合民间传说综合判断，皖南圩区“马灯”完成演化，成为较为稳定成熟的民俗事象，应当在太平天国农民战争之后。

从内容上看，皖南圩区“马灯”有完整的仪式过程、表演结构和故事体系。在皖南圩区“马灯”流行区域，不同灯种共用一套带有地方特色的“兴灯”仪式和过程，从“兴灯”到“圆灯”结束，大体经过“掺佐”“圆场”“开光”“圆水”“绕灶”“出灯”“收灶”“圆灯”等一系列环节。其中，以走阵、穿花、列阵和演武为主的场地表演部分最为精彩，基本形成以“模云”开场、“穿灯”为主体、“云长扫堂”作结尾的表演结构。这些表演以册为单位，有固定的套路，相传共有108种阵式，“一半是马故事，一半是帝故事”[①]。

从功能上看，皖南圩区“马灯”具有多重经济社会文化功能。在传统社会，皖南圩区“马灯”具有强化宗族观念、宣扬道德伦理的社会教化功能；引导、约束和规范成员言行，从而实现宗族内部和基层社会治理的秩序规范功能；融合民俗审美、人文审美和戏曲审美，集中反映该地方民间审美情趣的艺术审美功能；以及维持宗族之间、村落之间、人与人之间多种情感关系的情感维系功能。随着农村经济社会的发展和变迁，皖南圩区“马灯”的经济功能和娱乐功能越发明显，并向现代化转变，已经出现自娱自乐的发展趋势。另外，其民俗体育功能和旅游功能也得到发挥，挖掘出新的体育价值和旅游价值。

从传承上看，皖南圩区“马灯”历经几番起起落落，多次遭遇传承危机。从内因来看，皖南圩区“马灯”主要依靠“马灯师傅”的口头和行为传承，但这一传承方式随意性较强，未能形成稳定的传承机制，而且授艺带有兼职性质，不能成为主业和主要的收入来源，从而引起“马灯师傅”接续危机。从外因来看，皖南圩区“马灯”在不同历史时期均遭遇不良生存环境，从近代的兵荒马乱到当前新型冠状病毒疫情的爆发和传播，给皖南圩区“马灯”的保护和传承带来了严峻挑战。近年来，皖南圩区各方力量不断探索和实践保护传承该民俗文化的新路径，积累

① 项嘉文：《宣城马灯表演开启申遗之路 中断20年的古老艺术归来》，2017年10月19日，中国宣城网，http://www.zgxcsw.gov.cn/content/detail/59e85c3d5d6dc7a485126067.html，访问日期：2021年11月21日。

了许多宝贵的经验。

从整体上看，皖南圩区“马灯”呈现出杂糅与共生的基本特征。最明显的是在人物方面，将三国、隋唐和两宋时期的传奇英雄人物捏合在一起，以太保李嗣源为“头马”执令旗，中间囊括杨家将、岳家将、薛家将、隋唐英雄和三国英雄主要人物，并以关羽为“大菩萨”殿后，形成一支令人称奇的“神角”队伍。这些人物及其形象主要出自明清历史小说，经过京剧等戏曲改编，最终为皖南圩区“马灯”所借鉴和吸收。

总之，皖南圩区“马灯”作为个案，其产生和发展的历程，既符合又反映了我国民俗演变和发展的一般规律。

参考文献

一、史籍类

1.《周礼·仪礼·礼记》，（汉）郑玄注，陈戍国点校，岳麓书社2006年版。

2.（晋）陈寿：《三国志》，（南朝宋）裴松之注，陈乃乾校点，中华书局1959年版。

3.（南朝宋）范晔：《后汉书》，（唐）李贤等注，中华书局1974年版。

4.（南北朝）刘义庆：《世说新语》，钱振民点校，岳麓书社2015年版。

5.（唐）李贺：《李贺诗集》，徐传武校点，上海古籍出版社2015年版。

6.（宋）欧阳修：《新五代史》，（宋）徐无党注，中华书局1974年版。

7.（宋）薛居正等：《旧五代史》，中华书局1976年版。

8.（宋）吴自牧：《梦粱录》，浙江人民出版社1980年版。

9.（宋）高承：《事物纪原》，（明）李果订，金圆、许沛藻点校，中华书局1989年版。

10.（宋）周密：《武林旧事》，光明日报出版社2014年版。

11.（宋）孟元老：《东京梦华录》，颜兴林译注，二十一世纪出版社集团2018年版。

12.（元）脱脱等：《宋史》，中华书局1977年版。

13.（元）陶宗仪：《南村辍耕录》，李梦生校点，上海古籍出版社2012年版。

14.（明）罗贯中：《三国演义》，黄山书社1998年版。

15.（明）罗贯中：《残唐五代史演义》，江西美术出版社2018年版。

16.（明）姚广孝：《姚广孝集》三，商务印书馆2016年版。

17.（清）梁绍壬：《两般秋雨庵随笔》上册，许慕羲标点，大达图书供应社1934年版，第150页。

18.（清）李斗：《扬州画舫录》，汪北平、涂雨公点校，中华书局1960年版。

19.（清）赵翼：《陔余丛考》，栾保群、吕宗力校点，河北人民出版社1990年版。

20.（清）李渔：《李渔全集》，浙江古籍出版社1992年版。

21.（清）曾国藩：《曾国藩全集》，岳麓书社1994年版。

22.（清）曾国藩著，（清）李瀚章编：《曾国藩奏折》，（清）李鸿章校刊，中国致公出版社2011年版。

23.（清）无名氏：《薛丁山征西》，团结出版社2016年版。

24.（清）钱彩：《说岳全传》，岳麓书社2019年版。

25.中国戏曲研究院编：《中国古典戏曲论著集成》第4册，中国戏剧出版社1959年版。

26.中国戏曲研究院编：《中国古典戏曲论著集成》第6册，中国戏剧出版社1959年版。

27.陈士柯辑：《孔子家语疏证》，上海书店1987年版影印本。

28.李一氓编：《藏外道书》第4册，巴蜀书社1994年版。

29.朱一玄、刘毓忱编：《〈三国演义〉资料汇编》，南开大学出版社2012年版。

二、方志类

1.（明）王崇纂修：嘉靖《池州府志》，黄山书社2017年版。

2.（清）卫廷璞：雍正《建平县志》，江苏古籍出版社1998年版。

3.（清）李清岩纂修：乾隆《铜陵县志》，黄山书社2007年版。

4.（清）曹德赞原本，（清）张星焕增修：道光《繁昌县志》，江苏古籍出版社1998年版。

5.嘉庆《旌德县志》，江苏古籍出版社1998年版。

6.（清）胡有诚修，（清）丁宝书等纂：光绪《广德州志》，江苏古籍出版社1998年版。

7.（清）梁启让修，陈春华纂：嘉庆《芜湖县志》，民国二年（1913）翻印本。

8.余谊密主修，徐乃昌纂修：民国《南陵县志》，江苏古籍出版社1998年版。

9.民国《当涂县志》，江苏古籍出版社1998年版。

10.杨虎等修，李丙麟纂：民国《宁国县志》，江苏古籍出版社1998年版。

11.余谊密等总裁，鲍世期等监修：民国《芜湖县志》，江苏古籍出版社1998年版。

12.安徽省青阳县地方志编纂委员会编纂：《青阳县志》，黄山书社1992年版。

13.繁昌县地方志编纂委员会编：《繁昌县志》，南京大学出版社1993年版。

14.芜湖县地方志编纂委员会编：《芜湖县志》，社会科学文献出版社1993年版。

15.南陵县地方志编纂委员会编：《南陵县志》，黄山书社1994年版。

16.安徽省宣州市地方志编纂委员会编：《宣城县志》，方志出版社1996年版。

17. 池州地区地方志编纂委员会编：《池州地区志》，方志出版社 1996 年版。

18. 泾县地方志编纂委员会编：《泾县志》，方志出版社 1996 年版。

19. 宁国县地方志编纂委员会编纂：《宁国县志》，生活·读书·新知三联书店 1997 年版。

20. 安徽省地方志编纂委员会编：《安徽省志·建置沿革志》，方志出版社 1999 年版。

21. 安徽省地方志编纂委员会编：《安徽省志·水利志》，方志出版社 1999 年版。

22. 芜湖县地方志编纂委员会编：《芜湖县志（1990—2003）》，方志出版社 2009 年版。

23. 湖北省大冶市保安镇志编纂委员会编：《保安镇志》，方志出版社 2017 年版。

三、著作类

1. 中外书局编辑：《古今戏剧大观》第二册，中外书局 1921 年版。

2. 王楚香编：《古今楹联大观》，上海文明书局 1936 年版。

3. 聆音馆主编：《戏典》第二集，上海中央书店 1936 年版。

4. 芜湖市文化局编：《芜湖古今》，安徽人民出版社 1983 年版。

5. 安徽省文学艺术研究所编：《江淮戏曲谱》，安徽文艺出版社 1985 年版。

6. 中国艺术研究院音乐研究所《中国音乐词典》编辑部编：《中国音乐词典》，人民音乐出版社 1985 年版。

7. 云南省民族艺术研究所编：《云南民族音乐论集》，云南人民出版社 1989 年版。

8.. 张庚、郭汉城主编，何为副主编：《中国戏曲通论》，上海文艺出版社 1989 年版。

9. 麻国钧、麻淑云：《中华传统游戏大全》，农村读物出版社 1990

年版。

10.[美]阿兰·邓迪斯编：《世界民俗学》，陈建宪、彭海斌译，上海文艺出版社1990年版。

11.辞海编辑委员会编：《辞海（1989年版）》缩印本，上海辞书出版社1990年版。

12.叶大兵、乌丙安主编：《中国风俗辞典》，上海辞书出版社1990年版。

13.吴同宾、周亚勋主编：《京剧知识词典》，天津人民出版社1990年版。

14.中国民族民间舞蹈集成编辑部编：《中国民族民间舞蹈集成（浙江卷）》，中国舞蹈出版社1990年版。

15.中国民族民间舞蹈集成编辑部编：《中国民族民间舞蹈集成（湖南卷）》，中国舞蹈出版社1991年版。

16.中国民族民间舞蹈集成编辑部编：《中国民族民间舞蹈集成（河南卷）》，中国ISBN中心1993年版。

17.中国民族民间舞蹈集成编辑部编：《中国民族民间舞蹈集成（安徽卷）》上卷，中国ISBN中心1995年版。

18.谢国兴：《中国现代化的区域研究：安徽省（1860—1937）》，（台北）“中央研究院”近代史研究所1991年版。

19.中国戏曲志编辑委员会编：《中国戏曲志·河南卷》，文化艺术出版社1992年版。

20.《中国戏剧年鉴》编辑部编：《中国戏剧年鉴（1990—1991）》，中国戏剧出版社1993年版。

21.雪犁主编：《中华民俗源流集成（游艺卷）》，甘肃人民出版社1994年版。

22.程蔷：《中国民间传说》，浙江教育出版社1995年版。

23.郑土有：《关公信仰》第2版，学苑出版社1995年版。

24.张仃主编：《中华民间艺术大观》，湖北少年儿童出版社1996

年版。

25. 张茂华、亓宏昌主编：《中华传统文化粹典》，山东人民出版社1996年版。

26. 齐森华、陈多、叶长海主编：《中国曲学大辞典》，浙江教育出版社1997年版。

27. 么书仪等主编：《戏剧通典》，解放军文艺出版社1999年版。

28. 郭于华主编：《仪式与社会变迁》，社会科学文献出版社2000年版。

29. 《安徽文化史》编纂工作委员会编：《安徽文化史》中册，南京大学出版社2000年版。

30. 张忠纲主编：《全唐诗大辞典》，语文出版社2000年版。

31. 黄钧、徐希博主编：《京剧文化词典》，汉语大词典出版社2001年版。

32. 葛庆华：《近代苏浙皖交界地区人口迁移研究：1853—1911》，上海社会科学院出版社2002年版。

33. 陶立璠：《民俗学》，学苑出版社2003年版。

34. 周青青：《中国民间音乐概论》，人民音乐出版社2003年版。

35. 金天麟：《群众文化民俗学研究》，黑龙江人民出版社2004年版。

36. 葛峰编著：《追根溯源话民俗》，河南大学出版社2005年版。

37. 王文章主编：《中国艺术研究院藏清升平署戏装扮像谱》，学苑出版社2005年版。

38. 庞卓恒、李学智、吴英：《史学概论》，高等教育出版社2006年版。

39. 赵崔莉：《清代皖江圩区社会经济透视》，安徽人民出版社2006年版。

40. 曲六乙、钱茀：《东方傩文化概论》，山西教育出版社2006年版。

41. 荆毅：《一路走来》，安徽人民出版社2007年版。

42. 吴忠军主编：《中外民俗与礼仪》，东北财经大学出版社2007

年版。

43. 夏征农主编，郑申侠等编著：《大辞海·军事卷》，上海辞书出版社2007年版。

44. 谭元杰绘著：《中国京剧服装图谱》，北京工艺美术出版社2008年版。

45. 郑荣根：《南昌之光》，江西高校出版社2009年版。

46. 钟敬文主编：《民间文学概论》第2版，高等教育出版社2010年版。

47. 罗仁、赖名慧、戴红芳主编：《亚健康评估与干预》，人民军医出版社2010年版。

48. 张岱年主编：《孔子百科辞典》，上海辞书出版社2010年版。

49. 赵序、金丽娟主编：《中外民俗》，天津大学出版社2011年版。

50. 董上德：《古代戏曲小说叙事研究》第2版，广东高等教育出版社2011年版。

51. 黄成林等：《安徽旅游文化研究》，安徽师范大学出版社2011年版。

52. 王岩编著：《青少年应该知道的龙舞和狮舞》，泰山出版社2012年版。

53. 仲富兰：《风俗与信仰》，复旦大学出版社2012年版。

54. 侯忠义主编：《名家解读古典名著 历史小说》中，辽宁教育出版社2013年版。

55. 段炳昌等编著：《中国西部民族文化通志 文学卷》，云南人民出版社2014年版。

56. 司徒尚纪：《雷州文化概论》，广东人民出版社2014年版。

57. 夏克震：《梦回故乡》，安徽师范大学出版社2014年版。

58. 乌丙安：《民俗学原理》，长春出版社2014年版。

59. 《中华舞蹈志》编辑委员会编：《中华舞蹈志·安徽卷》，学林出版社2014年版。

60.《中华舞蹈志》编辑委员会编：《中华舞蹈志·江苏卷》，学林出版社2014年版。

61.《中华舞蹈志》编辑委员会编：《中华舞蹈志·上海卷》，学林出版社2014年版。

62.《中华舞蹈志》编辑委员会编：《中华舞蹈志·浙江卷》，学林出版社2014年版。

63.王贤友、杨静编著：《民俗安徽》，合肥工业大学出版社2015年版。

64.白寿彝总主编，陈振主编：《中国通史 第7卷 中古时代·五代辽宋夏金时期》下册，上海人民出版社2015年版。

65.李德洙、杨聪主编：《中国民族百科全书 13 白族、傈僳族、纳西族、怒族、独龙族卷》，世界图书出版西安有限公司2015年版。

66.王平等：《中国古代白话小说传播研究》，山东教育出版社2015年版。

67.张文珍：《中国古代通俗小说发展研究》，山东教育出版社2015年版。

68.张媛媛、江小角主编：《安徽非物质文化遗产》，安徽文艺出版社2015年版。

69.张西昌：《宝鸡社火》，西安交通大学出版社2015年版。

70.仲富兰：《中国民俗学通论 第1卷 民俗文化论》，复旦大学出版社2015年版。

71.仲富兰：《中国民俗学通论 第3卷 民俗资源论》，复旦大学出版社2015年版。

72.张勇风：《中国戏曲文化中的“禁忌”现象研究》，文化艺术出版社2016年版。

73.胡国珍、施尼娜：《中国京剧人物形象》，李直译，中国戏剧出版社2016年版。

74.来新夏、马铁汉主编：《谈史说戏》，山东画报出版社2016年版。

75.安徽省非物质文化遗产保护中心编：《安徽省非物质文化遗产乡土读本·皖南卷》，安徽大学出版社2016年版。

76.陈志荣编著：《富阳区非物质文化遗产大观·民俗卷》，浙江文艺出版社2016年版。

77.郭艳萍、吕继红主编：《中国民俗旅游》，中国旅游出版社2016年版。

78.梅绍武、梅卫东编著：《梅兰芳与京剧》，新世界出版社2016年版。

79.谈正衡：《回味：童谣思故乡》，东方出版中心2016年版。

80.万建中：《中国禁忌史》，武汉大学出版社2016年版。

81.闫鸿斌、闫鹏：《梦萦故里 追忆旧时的青山泉》，中国矿业大学出版社2016年版。

82.潘晓玲：《陈寿》，陕西师范大学出版总社有限公司2017年版。

83.杨梓主编：《宁夏文艺评论2017年卷》，宁夏人民出版社2017年版。

84.郭英德：《探寻中国趣味：中国古代文学之历史文化思考》，商务印书馆2017年版。

85.北京市房山区燕山非物质文化遗产保护领导小组主编，郭延生编著：《杨家将传说调查报告》上册，群言出版社2017年版。

86.桂兰岚编著：《中国民族民间舞的文化溯源与动作解析》，九州出版社2017年版。

87.刘博仓：《〈三国志演义〉面面观》，辽宁大学出版社2017年版。

88.刘黎芹：《中国民族民间舞训练与创编艺术》，吉林大学出版社2017年版。

89.柳冬妩：《江山幽处客重经》，花城出版社2018年版。

90.李红梅：《中国戏曲理论与表演艺术实践研究》，湖南师范大学出版社2018年版。

91.桂林市文化新闻出版广电局编：《桂林非物质文化遗产概览》，广西师范大学出版社2018年版。

92.胡世厚主编:《三国戏曲集成·元代卷》,胡世厚校理,复旦大学出版社2018年版。

93.田可文编著:《安徽音乐文化的历史阐释》,安徽文艺出版社2018年版。

94.林成西、许蓉生:《〈三国演义〉中的文化密码》,巴蜀书社2018年版。

四、论文类

1.翁偶虹:《脸谱概谈》,《人民戏剧》1980年第3期。

2.周育德:《竹马说》,载文化部文学艺术研究院戏曲研究所《社会科学战线》编辑部编:《戏曲研究》第二辑,吉林人民出版社1980年版。

3.王复兴:《简论明成祖时期的马政》,《齐鲁学刊》1987年第4期。

4.佑人:《传统佳节话彩灯》,载政协南陵县文史办公室编:《南陵县文史资料》第六辑,1987年编印。

5.《谈谈南陵的目连戏》,载政协南陵县文史办公室编:《南陵县文史资料》第六辑,1987年编印。

6.翁偶虹:《戏曲脸谱的特殊艺术》,《今日中国(中文版)》1988年第8期。

7.刁光斗、程宗安:《1931年金宝圩破圩和修复》,载宣州市政协文史委员会编:《宣州文史资料》第三辑,1988年编印。

8.姚远牧:《南陵目连戏综述》,载中国艺术研究院戏曲研究所、安徽省艺术研究所、安徽省祁门县人民政府编:《目连戏研究文集》,1988年编印。

9.鲁安娜:《皖芜湖白马山“马灯”田野考察》,载麻国钧等主编:《祭礼·傩俗与民间戏剧——’98亚洲民间戏剧民俗艺术观摩与学术研讨会论文集》,中国戏剧出版社1999年版。

10.左文才:《永新盾牌舞》,《民俗研究》2000年第1期。

11. 李晖：《“竹马”民俗文化的起源、传承与演进》，《淮北煤师院学报》（哲学社会科学版）2000年第3期。

12.《杨家将家族简史》，载郁南县政协学习文史委员会、连滩镇文广庙文物管理委员会合编：《郁南文史》第20期，2001年编印。

13. 葛庆华：《太平天国战后皖南地区的移民活动》，《中国历史地理论丛》2002年第2辑。

14. 余新忠：《咸同之际江南瘟疫探略——兼论战争与瘟疫的关系》，《近代史研究》2002年第5期。

15. 郭小刚：《皖南圩区“马灯”概说》，《中国音乐》2003年第1期。

16. 梅铮铮：《论“桃园结义”及对后世的影响》，《成都大学学报》（社科版）2006年第6期。

17. 许丹：《试论皖南民俗走马灯的社会意义》，《民族论坛》2006年第10期。

18. 郑工：《临时制度与自由约定——一则民俗文化仪式性活动的考察案例及其分析》，载王文章主编：《中国非物质文化遗产保护论坛论文集》，文化艺术出版社2006年版。

19. 詹敬鹏、詹倩：《铜陵“三灯”闹新春》，《江淮》2009年第2期。

20. 詹柏山：《红白世事的民俗》，载《菁华漳平》编委会编：《菁华漳平》，海峡文艺出版社2010年版。

21. 张帆：《当代戏曲班社与艺人中的田公元帅信俗》，载叶明生、梁伦拥主编：《上杭木偶戏与白砂田公会研究文集》，海潮摄影艺术出版社2010年版。

22. 余涛、杨文茹、涂传飞、余静：《村落语境中传统体育的文化功能——以芜湖县崔墩穿马灯活动为例》，《中国体育科技》2011年第5期。

23. 崔龙健：《皖南圩区春节兴灯仪式与社会变迁》，《安庆师范学院学报》（社会科学版）2013年第2期。

24. 孔国庆：《民间竹马灯艺术在创意经济时代的保护与开发》，《海南大学学报》（人文社会科学版）2014年第4期。

25..郭小刚:《"非遗"视野下竹马舞的存世及研究现状》,《北京舞蹈学院学报》2016年第5期。

26.刘二永:《论中国古典戏曲叙事联贯理论》,载《中华戏曲》编辑部编:《中华戏曲》第53辑,文化艺术出版社2016年版。

27.唐良鹏:《论吕布形象单一化的演变过程》,《重庆文理学院学报》(社会科学版)2017年第4期。

28.郭小刚:《基于图像学的中国古代竹马舞流变考源》,《北京舞蹈学院学报》2018年第1期。

29.孔国庆、董琪珺:《安徽民间艺术竹马灯艺术特征分析》,《铜陵学院学报》2018年第4期。

30.孔国庆、董琪珺:《民间艺术竹马灯创意产品的开发研究》,《池州学院学报》2018年第5期。

31.荀笋:《皖南圩区春节"玩灯"习俗的历史演变及时代价值》,《铜陵学院学报》2020年第1期。

五、报纸类

1.《姑苏灯市纪盛》,《申报》1876年2月16日,第2版。

2.《江口观灯记》,《申报》1896年3月6日,第2版。

3.斯契:《调马灯》,《申报》1934年7月1日,第27版、增刊第5版。

4.方舟:《灯会》,《申报》1936年3月14日,第18版、增刊第2版。

5.晋文婧:《非遗保护进校园》,《安徽日报》2012年3月16日,第C2版。

6.罗宝、武长鹏:《非遗进校园 教学助传承》,《安徽日报》2012年10月12日,第C1版。

7.王彦:《五马破曹(全椒县)》,《江苏经济报》2014年8月2日,第A4版。

8.秋适之:《圩乡年俗美》,《大江晚报》2017年12月31日,第A12版。

9.郑世媛、张敬波：《“非遗”马灯庆新春》，《安徽日报》2018年2月26日，第6版。

10.张语修：《民俗“串马灯”》，《大江晚报》2018年3月3日，第A16版。

11.马正超：《西河古镇年货节 浓郁年味扑面来》，《大江晚报》2019年1月21日，第A7版。

12.陈剑：《跑马灯 迎新春》，《芜湖日报》2019年1月26日，第2版。

13.程中玉、王奕扬：《助力人居环境整治 彰显巾帼靓丽风采》，《芜湖日报》2019年9月5日，第2版。

14.罗鑫：《花鼓喧天“闹”皖南》，《安徽日报》2019年12月13日，第9版。

15.郑远：《挖掘民俗文化 助推乡村振兴》，《芜湖日报》2020年1月3日，第8版。

16.红杨树：《故乡重燃的年味》，《大江晚报》2020年2月6日，第B4版。

17.崔龙健：《推动长三角“马灯”文化传承发展》，《芜湖日报》2020年3月20日，第4版。

18.唐乐燕：《菜花香里的乡村振兴》，《芜湖日报》2021年3月19日，第6版。

后　记

对皖南圩区“马灯”产生研究意识，是在我读硕士一年级的时候。那时我懵懵懂懂，写了两篇相关的论文，其中一篇《皖南圩区春节兴灯仪式与社会变迁》发表在了《安庆师范学院学报》（社会科学版）2013年第2期上，另一篇《皖南圩区“马灯”及其源流辨析》在首届传统文化与长三角都市圈教育事业联动发展研究生论坛上进行了宣读，但因为种种原因，时至今日未公开发表。后来，我离开家乡芜湖，前往苏州大学攻读历史学博士学位，在池子华教授的指导下，开始研习红十字运动史，便暂停了对皖南圩区“马灯”的研究工作，但一直想要将这个研究继续下去。博士毕业以后，因为工作关系未能如愿。2018年初，我跳槽来到安庆师范大学，有机会重拾旧日思绪，以“皖南圩区‘马灯’研究”为课题名称申报当年的安徽省哲学社会科学规划青年项目，有幸获得立项（项目批准号为AHSKQ2018D48）。拿到立项通知书后，我便着手展开研究工作。为此，我中止了原本专业方向的研究，以确保能够顺利完成这一研究任务，这才有了这部书稿的诞生。

我常问自己，为何对皖南圩区“马灯”研究有如此深的执念？最初可能是因为好奇和疑惑，才让我对它产生了研究兴趣。我出生在芜湖市南陵县太丰圩区，这一带盛行春节“玩灯”活动，主要有“马灯”“龙灯”和“罗汉灯”，其中以“马灯”最为常见。每有“马灯”进村，总要跑去看看，故而在我儿时仅存的记忆中，关于“马灯”的记忆最多。看得多了，听得多了，我便对“马灯”有了不少了解和认识，但也对这一民俗形式产生了很多疑问，比如它是从什么时候开始兴起的？它有多少种阵式？这些阵式有没有什么来源？等等。这些疑惑促使我想要对它有更多地了解，但我们村历来是兴“龙灯”的，不兴“马灯”，没有机会给我亲身体验一番，这是我至今感到的一个遗憾。由于长期关注它，了解它，对它有了很深的感情，我越发觉得我应该搞清楚它，而且要让更多的人知道它，感受到它的艺术魅力。这个想法是在我离开家乡多年以后产生的，加深了我要研究“马灯”的执念。

研究过程显然不太容易。一方面，繁重的教学任务，让我很难抽出时间和精力专门从事这项研究工作；另一方面，由于缺乏历史资料的记载，我只能主要依靠田野调查获取资料，但皖南圩区只在春节期间“玩灯”，而且“玩灯”的村子越来越少，“玩灯”的时间也越来越短，新型冠状病毒疫情爆发后，所有“玩灯”活动都被叫停，更是让我措手不及。我曾多次问自己要不要放弃，但我的执念不允许我放弃，我便只能依靠现有资料继续这项研究工作。

坚持和努力是会有回报的。至少在研究过程中，我收获了到目前为止唯一一次由做学术带给我的快乐。犹记得今年年初的一个晚上，我在做人物研究时，有了很大突破，搞清楚了“二马”究竟为何许人也。这个人物不像其他“马灯”人物在民间有很高的知名度，以致以讹传讹，在地方志中的记载和民间口耳相传的有所出入。根据方言音译和服装特点，很多人把这个人物叫作“陈军师”“程进士”，但具体指的是何人，则说不清楚。经过考证，我得出的结论是程敬思，原型为唐末代北起军使陈景思，是出自长篇历史小说《残唐五代史演义》和京剧传统剧目《沙陀国》中的虚构人物。这一发现，解开了我积存心中多年的疑惑，让我激动了一整晚。

书稿虽已完成，解开了不少儿时疑惑，但也留下了一些新的遗憾。特别是对“马灯师傅”群体的关注和研究，在本书中涉及较少。我原本计划专题申报国家社会科学基金艺术学青年项目，但2021年的初次尝试未能成功，只好留待以后继续努力。

当然，本书能够顺利完成，得益于参考和借鉴了诸多学术研究成果，没有这些研究成果的支撑，我也很难做这样一项系统的研究，在此向诸位学界前辈和同仁表示最诚挚的谢意！本书还得到安庆师范大学省重点马克思主义学院建设经费资助出版，在此向一直以来关心和支持我研究工作的各位领导和同事们表示衷心感谢！还要感谢安徽师范大学出版社的孙新文师兄，为本书的出版工作费心费力！

最后需要说明的是，由于笔者个人能力有限，本书还存在很多不足，在此恳请学界前辈、同仁和读者朋友们不吝批评指正！

崔龙健

2021年11月22日